Alexander Olivier Exquemelin

Piratas de América

Edición de Manuel Nogueira

Barcelona **2023**
Linkgua-ediciones.com

Créditos

Título original: Piratas de América.

© 2023, Red ediciones S.L.
Traducción: Alonso de Buena Maison

e-mail: info@linkgua.com

Diseño cubierta: Michel Mallard

ISBN rústica: 978-84-9816-778-8.
ISBN ebook: 978-84-9897-496-6.

Sumario

Brevísima presentación

La vida

Se sabe poco de Alexandre Olivier Exquemelin, también conocido como el cirujano de los piratas. Al parecer, podría tratarse de un hugonote nacido en Honfleur (Francia) en torno a 1645, que huyó de las persecuciones religiosas hacia el «nuevo mundo» en 1666, fecha en la que se inicia esta crónica, y regresó años después para establecerse en Ámsterdam, donde murió hacia 1707.

En 1666 Exquemelin partió hacia América desde el puerto de El Havre en la nave San Juan, de la Compañía Francesa de las Indias Occidentales.

El barco cayó en manos de los piratas y Exquemelin fue vendido como esclavo en la isla Tortuga. Durante su cautiverio aprendió de su amo el oficio de cirujano, y adoptó la Ley de la Costa siendo pirata. Así sirvió a las órdenes de piratas tan insignes como L'Olonnais, Morgan o Bertrand d'Oregon hasta un fallido desembarco en la costa occidental de Puerto Rico, en 1674.

Participó asimismo en asedios a las plazas de tierra firme: combatió en los dos asaltos a Maracaibo, en las dos tomas de la isla de Santa Catalina y en la toma y devastación de Panamá.

Los piratas de América es la crónica apasionante, narrada en primera persona, de un actor presencial de las aventuras de los piratas del siglo XVII. La obra se publicó en Ámsterdam en 1678, y solo tres años después apareció la presente versión española.

Primera parte

Capítulo I. La partida del autor hacia el poniente americano en servicio de la Compañía Occidental de Francia; encuentro de una nave inglesa, llegada a la Isla de la Tortuga

Partimos del Havre de Grace en un navío llamado San Juan, que estaba montado con veintiocho piezas de artillería, veinte marineros, y doscientos veinte pasajeros; contando los que la Compañía enviaba en su servicio como pasajeros libres y sus criados, en 2 del mes de mayo del año de 1666. Ancoramos debajo del cabo Borflor para juntarnos allí con otras siete naves de la Compañía, las cuales venían de Dieppe, buscándonos con otro navío de guerra, fuerte de treinta y siete piezas de artillería y doscientos cincuenta soldados. De estas naves dos estaban destinadas para Senegal y cinco para Caribe, y nosotros para la isla de la Tortuga. Juntáronse allí también cerca de otros veinte navíos que iban para Terra Nova con otros bajeles holandeses que pasaban a Nantes, La Rochelle y San Martín; de manera, que componíamos en todo, una flota de treinta velas; aparejámonos allí y nos dispusimos en forma conveniente para pelear, sabiendo que cuatro fragatas inglesas (cada una de sesenta piezas de artillería) nos esperaban junto a la isla de Ornay. Después que el caballero Sourdis, almirante de nuestra flota, hubo dado sus órdenes, dimos a la vela con viento muy favorable; algunas nieblas se levantaron, que nos impidieron la vista, y no ser vistos de los ingleses. Caminábamos siempre cerca de las costas de Francia, huyendo del enemigo; y en este curso hallamos una nave de Ostende, la cual se quejó a nuestro almirante diciendo que un corsario francés le había robado por la mañana. Oído esto nos dispusimos para buscar dicho corsario; pero en vano, pues no pudimos darle alcance.

Los habitantes de las costas de Francia estaban tímidos y alborotados juzgando éramos ingleses, que creían buscábamos puesto para echar pie a tierra; arbolábamos nuestras banderas; mas aún no se confiaban. Dimos después fondo en la bahía de Conquet en Bretaña, cerca de la isla de Heysant, para hacer aguada; con que, habiendo hecho frescas provisiones, proseguimos el viaje para pasar el Ras de Fonteneau, por no exponernos a pasar la derechura de Sorlingas; temiendo a los ingleses que allí cruzaban la mar buscándonos. Este río Ras tiene una corriente fuertísima y pasando por muchos peñascos desemboca en la costa de Francia, en la altura de 48 grados y 10 minutos; por cuya razón es muy peligroso pasaje, no estando todos descubiertos los escollos o peñascos.

Pasado el Ras tuvimos el viento muy favorable hasta el cabo de Finisterre, donde nos sobrevino una grandísima borrasca que nos separó de las otras naves; duró ocho días este mal tiempo, en el cual era grande lástima ver de la manera como echaba la mar de una parte a otra a los pasajeros; de tal suerte era, que los marineros se veían obligados a pasar por encima de ellos para asistir a los que le tocaba. Corrida esta borrasca nos hizo un tiempo muy favorable hasta que llegamos a la línea llamada el trópico de Cáncer; éste es un cerco imaginario que los astrólogos han inventado, el cual es como una limitación del Sol hacia el norte y está en la altura de 23 grados y 30 minutos, debajo de la línea. Tuvimos en aquella parte un muy próspero tiempo, de que nos alegramos infinito por tener grande necesidad de agua; de tal suerte, que ya estábamos tasados a dos medios cuartillos de ella cada uno al día.

Cerca de la altura de las Barbados vimos una nave real de ingleses, la cual nos daba caza; mas percibiendo ellos que no nos llevaban ventaja huyeron y nosotros la seguimos tirándola algunas balas de artillería de ocho libras; al fin se nos escapó y volvimos a nuestro curso. Poco después de esto, dimos vista a la isla de la Martinica, pues hacíamos lo posible para llegar a la costa de la isla de San Pedro, siéndonos casi imposible por levantarse allí una borrasca con que determinamos ir a la isla de Guadalupe, que tampoco pudimos conseguir y, así, pusimos la proa para la isla de Tortuga, que era la parte de nuestro destino. Pasamos costeando la isla de Punta Rica que es deliciosísima y agradable, guarnecida de frondosos árboles y florestas hasta las cumbres de los montes; vimos después la isla Española (cuya descripción pondremos más abajo) y fuimos siempre costeándola hasta llegar a la Tortuga, donde ancoramos el día séptimo de julio del mismo año, sin haber perdido en todo el viaje un hombre. Descargamos en ella las mercadurías de la compañía y la nave fue enviada a Cal de Sac para llevar algunos pasajeros.

Capítulo II. Descripción de la isla de la Tortuga, de sus frutos y árboles, y de qué manera poblaron allí los franceses dos

veces y fueron echados los españoles de ella; y cómo el autor de este libro fue en ella vendido en dos ocasiones

Está situada la isla de la Tortuga al lado del norte de la famosa y grande isla Española; cerca de la tierra firme, en la altura de 20 grados y treinta 30; es grande de 60 leguas; llamáronla Tortuga por tener la forma de una tortuga o galápago de mar; diéronla por esta razón los españoles este nombre; es muy montañosa y llena de peñascos mas, no obstante, espesísima de lozanos árboles, que no dejan de crecer entre lo sólido de los riscos, sin participar inmediatamente de tierra friable, de donde se sigue que las raíces, por la mayor parte, se descubren por todo enlazadas contra las piedras a modo de ramas de yedra en una pared. En la parte que mira al norte no vive gente, lo uno por ser muy incómoda y mal sana; lo otro porque por allí es tan escabrosa que sin grandes dificultades no se puede llegar a la orilla de la mar, si no es entre riscos casi inaccesibles; por esta razón la poblaron de la parte meridional, donde tiene solo un puerto razonablemente bueno, teniendo dos entradas por donde pueden pasar navíos de setenta piezas, siendo el fondo sin riesgo, y capaz de contener grande número. La parte poblada se divide en cuatro, llamadas: la Tierra baja, ésta es la más famosa por el dicho puerto; llámase el lugar Cayona, en el cual viven los principales plantadores. La segunda se llama MedioPlantage plantío; su territorio aún está nuevo, experimentando de ella ser muy fértil para cultivar tabaco. La tercera se llama la Ringot; están estos lugares situados al fin del poniente de la isla. La cuarta se llama la Montaña, en la cual se hicieron los primeros cultivos que en la isla comenzaron.

En cuanto a los árboles que allí crecen son muy lozanos y vistosos, que pueden servir a distintos usos con grande utilidad, como el sándalo amarillo, que llaman los de la tierra Bois de Chandel, que significa palo de candela, por arder como una candela, y se sirven de ella para hacer la pesca de noche. Crece también Palo Santo que otros llaman Guayaco; sus virtudes son bien notorias, principalmente a los que no observan el tercer voto o sexto mandamiento, dándose a toda suerte de cópulas impuras; sacan de él los médicos, debajo de diversas composiciones, un antídoto para males que proceden del juego de Venus, y humores víscidos, fríos. Los árboles que sudan la Goma Elemi crecen en grandísima abundancia, como también raíz de China, la cual no es tan buena como la que se trae de las Indias Occidentales; es muy blanca y blanda y es pasto gracioso a los jabalíes cuando no hallan otra cosa. Del Aloes o Acíbar no carece esta isla, como de otra infinidad de hierbas medicinales y dedicadas al aspecto de quien las contempla para fábrica de navíos, y de otra cualquier suerte de edificios se hallan en esta mancha de Neptuno, maderas muy a propósito. Las frutas que con abundancia crecen allí, no rinden feudo de menores ni menos estimadas que las otras islas circunvecinas; contaré algunas de las más ordinarias y comunes, como son: Magniot, Patatas, Manzanas de Acajou, Yañas, Bacones, Paquayes, Carasoles, Mamayns, Ananás y otros muchos géneros, que por no ser molesto dejo de especificar. Crece también gran número de árboles llamados Palmites, de los cuáles exprimen un zumo que sirve a los moradores de vino, y sus hojas de cubiertos y tejados a las casas.

Abunda con multiplicación cotidiana, esta isla de Jabalíes; prohibió el gobernador la caza de ellos con perros, diciendo que era la isla pequeña y que tal caza destruiría en poco tiempo dichos animales, juzgando a propósito conservar la casta, para que en caso de invasiones de enemigos pudiesen los defensores mantenerse de tales carnes, principalmente, si los habitantes se viesen forzados a retirarse a los bosques, para que en ellos puedan tener de qué sustentarse y con ese medio poder sufrir cualquier asalto y persecución subitánea o larga; impídese esta caza casi de ella misma, por ser tantos los peñascos y precipicios que, por la mayor parte, están cubiertos de árboles pequeños muy frondosos, de donde con facilidad se han precipitado muchos cazadores de lo cual, no sin dolor, se tiene experiencia de muchos desastres.

En cierto tiempo del año concurren a la Tortuga grandes bandadas de palomas torcaces, siendo ocasión en que los habitantes comen de ellas con largueza y les sobra, dejando totalmente en reposo otros animales, tanto domésticos como silvestres que suplen la ausencia de palomas en la sazón de retiro; y como nada en este mundo, por agradable que sea, deja de mostrar entre sí mezcla de amargura, tenemos bien este símbolo en las referidas palomas, las cuales, pasada la sazón que Dios concedió para el uso de alimento sabroso a las gentes que allí viven con tanta delicia, no las pueden gustar, porque se enflaquecen demasiado y amargan por extremo, proviniendo esta diferencia de cierta simiente que comen amarga como el acíbar. A las orillas de la mar concurren multitud de cangrejos marinos y terrestres muy grandes, buenos para sustentar criados y esclavos, que dicen ser muy sabrosos pero nocivos a la vista; además, que comiéndolos repetidas veces, causan vahídos de cabeza con flaqueza del cerebro, de suerte que privan de la vista, de ordinario, por un cuarto de hora.

Habiendo plantado los franceses en la isla de San Cristóbal cierto género de árboles, de los cuales ya habrá cantidad, hicieron unas gabarras y barcos luengos para enviar hacia el poniente bien proveídos de gente y municiones, a descubrir otras tierras. Salieron de ésta y llegaron cerca de la isla Española, a la cual abordaron con alegría, saltando en ella y metiéndose tierra adentro; hallaron grande abundancia de ganados como son toros, vacas, jabalíes y caballos; mas considerando que con aquel ganado no podían sacar provecho, menos que a tener una parte segura donde acorralarlos y tenerlos cerrados, y conociendo también que la isla estaba muy poblada de españoles, hallaron a propósito y acordaron de emprender y tomar la isla de Tortuga. Hiciéronlo sin mucha resistencia, pues en ella no se hallaban más que diez o doce españoles que la guardaban, los cuales dejaron a los franceses libremente entrar, quedándose allí medio año sin que nadie se lo estorbase. Pasaban con sus canoas entre tanto a la Tierra Mayor, de la cual conducían a ésta mucha gente, con que comenzaron a plantar toda la isla de Tortuga; pero, viendo los pocos españoles que allí estaban el número de franceses, que se aumentaba cada día, les era muy pesado que poblasen y dieron aviso a otros de la nación vecinos suyos, los cuales enviaron unas gabarras bien armadas para echar de aquella tierra los franceses, cuya empresa les sucedió según su deseo por entonces; pues viendo los nuevos pretensores venir número de españoles, huyeron con todo lo que tenían a los bosques y desde allí se fueron de noche con sus canoas a tierra firme, hallándose desembarazados y sin el estorbo de mujeres ni criaturas, ya que cada uno huía como el que más. Fuéronse allá también a las selvas para buscar de comer y de ellas, con secreto, hacer lo posible para advertir a otros de su facción, teniendo por más que cierto, que bien presto podrían impedir el fortificarse a los españoles en Tortuga.

Buscaban en los bosques los españoles a los huéspedes franceses para echarlos fuera o hacerlos morir de hambre, pero mal les sucedió; hallándose que los franceses estaban muy bien prevenidos de buenos mosquetes, balas y pólvora. Los retirados aguardaron la ocasión en que sabían que los españoles debían salir para la Tierra Grande con sus armas y mucha gente en busca de los franceses, los cuales volvieron entretanto a Tortuga y la despojaron de los pocos españoles que quedaron, preparando e impidiendo la entrada por si querían volver; con que impetraron socorro al gobernador de San Cristóbal, suplicándole que juntamente enviase un gobernador, para poderse mejor unir y sujetar en todas ocasiones. El general de San Cristóbal oyó muy gustosamente la proposición, con que sin alguna dilación envió a Monsieur le Vasseur, en calidad de gobernador, con un navío lleno de soldados y todas las cosas necesarias para establecerse, y defenderlo a otros. Luego que llegó este socorro hizo el gobernador fabricar una fortaleza encima de un peñasco, desde la cual podía impedir la entrada y el abordo de navíos y otras embarcaciones que pretendiesen llegar al puerto. No se puede llegar a dicho fuerte, sino casi trepando por un angosto camino que no permite subir más que dos personas juntas, y con trabajo; hay en medio de este peñasco una concavidad que sirve de almacén y, además de éste, tiene grandísima comodidad para plantar una batería. Mandó plantar con mucha fatiga, dicho gobernador, dos piezas de artillería y fabricar una casa dentro de la fortaleza y, después de esto, hizo romper el camino que había, dejando la subida solo por una escala. Dentro se halla también una copiosa fuente que perpetuamente corre cristalinas aguas, que basta para dar refresco a mil personas, con cuyas comodidades y seguridades comenzaron a poblar los franceses y cada uno procuró buscar su vida, unos en la caza, otros plantando tabaco y otros cruzando sobre las costas de las islas de España, como todavía hacen.

Erales insufrible a los españoles que los franceses poblasen allí tanto, temiendo que con el tiempo los echarían de la grande isla. Aguardaron que muchos de ellos saliesen a la mar y otros a la caza, con que entretanto prepararon unas canoas con ochocientos soldados y abordaron la tierra sin ser percibidos de los franceses; pero hallando que el gobernador había hecho cortar muchos árboles para mejor descubrir al enemigo en caso de asalto; conociendo no podían emprender nada seguro, menos que jugando de artillería, consultaron para definir dónde sería al propósito el plantarla. Discurrieron que, puesto que habían los nuevos establecidos hecho cortar los árboles mayores que encubrían la fortaleza, y que solo podían disparar sobre ella desde la cumbre de un monte que miraban, determinaron hacer un camino capaz de conducir a lo alto sus piezas. Es algo eminente y su cumbre llana, desde la cual toda la isla se descubre; sus faldas son muy escabrosas, por lo ceñido que le tienen infinidad de rocas inaccesibles, de manera que la subida es muy difícil y siempre lo fuera si los españoles no hubieran tomado el trabajoso afán de hacer dicha senda, como ahora contaré.

Tenían consigo los antiguos poseedores muchos esclavos y trabajadores, llamados de otra suerte Matates, medio amarillos, indios, a quienes dieron orden de picar un camino entre las peñas. Hiciéronle con la mayor presteza que les fue posible, por el cual subieron, solas, dos piezas de cañón, con muchos gipos y plantaron una batería, que con ella, el día siguiente, cañonearon el fuerte. Descubrieron los franceses esta empresa; con que, mientras ellos estaban ocupados en preparar sus cosas, dieron estos otros avisos a sus parciales, para que los ayudasen en esta ocasión. Juntáronse los bucaneros y piratas que se hallaban cerca y llegada la noche entraron en Tortuga, donde, con el favor de la oscuridad, subieron a la montaña donde los españoles estaban (siéndoles fácil por estar acostumbrados a ella) y llegaron en el momento en que los que estaban ya arriba se prevenían para comenzar a disparar, habiendo ignorado tal socorro; con que los cogieron por las espaldas, haciendo precipitar la mayor parte de arriba abajo, reduciéndose en piezas; de suerte que ninguno se escapó, porque si algunos quedaron arriba fueron pasados a cuchillo, sin dar cuartel al más impetrante. Guardaban algunos españoles la falda del monte, los cuales oyendo los gritos y lamentaciones de los maltratados creyeron bien alguna revolución funesta arriba, con lo cual se huyeron a la parte de la mar desesperados de jamás poder ganar la isla de Tortuga. Los gobernadores de esta isla se conservaron como propietarios y señores absolutos de ella hasta el año de 1664; entonces la Compañía del Occidente Francesa tomó posesión de ella y puso por gobernador a Monsieur Ogeron, plantando para sí aquella colonia, con sus comisarios y criados, creyendo hacer desde allí algún buen negocio con los españoles, como los holandeses hacen en Curaçao; pero no les sucedió como juzgaron; querían ellos hacer comercio con algunas naciones extranjeras porque con los mismos de la suya no podían hacerle largo; por razón que cuando la Compañía comenzó en Francia, hicieron acuerdo con los piratas, cazadores y plantadores, que comprarían todas sus mercadurías necesarias [de la Compañía] a crédito. Y aunque este acuerdo se puso por ejecución, no dejaron de experimentar los comisarios, no podían cobrar dinero alguno, ni retornos; tanto que se vieron obligados a llamar gente de guerra, de parte de la dicha Compañía, para obtener algunas pagas; nada de esto bastó para comerciar fielmente con ellos; con que al fin, la Compañía volvió a llamar sus comisarios, dándoles orden de vender cuanto tenían en su poder, tanto criados que estaban en servicio de la Compañía, los unos por 20 y los otros por 30 pesos, cuanto el resto de mercadurías y otras propiedades que allí tenían; con lo cual todos sus designios fueron inútiles. Vendiéronme a mí, mas con mala fortuna, pues caí en manos del más tirano y pérfido hombre que calentaba el Sol en aquella isla; él era entonces gobernador o teniente general de aquella plaza, el cual me hizo todos los malos tratos que en el mundo se pueden imaginar y, sobre todo, me hacía andar ligero a pura hambre canina, jamás semejante de otros sufrida; bien quería darme libertad y franqueza mediando 300 reales de a ocho, que yo no podía ni uno pagar; con cuyas miserias e inquietudes de espíritu caí en una muy peligrosa enfermedad. Viéndome mi malvado amo de aquella suerte, temeroso de perder su dinero perdiendo yo la vida, me tornó a vender a un cirujano por setenta piezas de a ocho. Estando, pues, en poder de este segundo, comencé a recobrar mi salud por medio del buen tratamiento que me hacía, siendo más humano que el de aquel mi primer Nerón; diome vestidos y muy buen sustento, y después que le hube servido un año, me ofreció libertad, obligándome yo a pagarle 100 pesos cuando pudiera dárselos, con lo cual acepté su acomodada proposición con gusto y grata voluntad.

Luego que me vi libre (hallándome como Adán, recién formado de la mano de aquel Infinito y Poderoso Señor), mas desnudo de todo humano medio ni para ganar mi triste vida, me resolví a entrar en el inicuo orden de los piratas o salteadores de la mar, donde fui recibido con aprobación de los superiores y del común; con ellos continué hasta el año de 1672, habiéndoles asistido en sus empleos y ejercicios y servídolos en muchas ocasiones y empresas muy notables (de que haré aquí adelante verdadera relación), me volví a mi país; pero, antes de contar los prometidos sucesos, diré algo, por satisfacción de los curiosos lectores, de lo que pasó en la isla Española, que está hacia el occidente de la América, y haré descripción de ella según mi capacidad y experiencia.

Capítulo III. Descripción de la grande y célebre isla Española

La muy dilatada y rica isla Española está en la altura de 17 grados y medio; la mayor parte se extiende del oriente al occidente, hasta 20 grados, latitud septentrional; su circunferencia es de 300 leguas, su longitud de 120 y su latitud cerca de 50 en algunas partes, poco más o menos, ancha o angosta; sobre lo cual no me haré importuno ni tampoco cómo esta isla se descubrió, pues notorio es a todo el mundo fue descubierta por Cristóbal Colón el año de 1492, habiendo sido enviado por este fin de don Fernando el Católico, rey de España, de cuyo tiempo los españoles han sido posedores hasta el presente. Hállanse muchas, muy buenas y fuertes ciudades, villas y lugares, como también cuantidad de muy alegres, deliciosas y abundantes poblaciones y plantaciones, debiéndolo todo al cuidado y trabajo de la nación española.

Su principal ciudad y metrópoli está dedicada a Santo Domingo, llamándose de ese mismo nombre; en su situación hacia la parte del medio día en bellísimo aspecto en todos sus contornos hay numerosas plantaciones, cuanto matizados prados y fructuosos jardines, que producen con abundancia muchos, muy agradables y óptimos frutos, según la naturaleza del país. El gobernador de esta isla tiene su residencia en esta ciudad, la cual es como almacén y depósito de todas las otras ciudades, villas y lugares, sacando de ella y proveyéndose de víveres necesarios a la vida humana; gozando de una ventaja: que se mantiene sin comercio foráneo, sino solo con los de la nación española. La mayor parte de sus moradores son gruesos mercaderes y otros que tienen tiendas efectivas para menuda mercancía.

Fue dedicada al apóstol Santiago una ciudad de esta isla, la cual se gloria del mismo nombre; está abierta sin murallas ni castillos, situada en la altura de 19 grados, latitud septentrional; sus moradores por la mayor parte son cazadores y plantadores por ser muy propio su territorio y jurisdicción a dichos ejercicios, a causa de su constitución. Descúbrense desde ella tan deliciosas campañas como las de Santo Domingo, que abundando en toda suerte de bestias, tanto silvestres que otras, sacan de ellas cantidad de pieles de cuero, de que se hace un ventajoso comercio. A la parte meridional se descubre otra ciudad intitulada Nuestra Señora de Alta Gracia, cuya comarca fructifica crecida abundancia de cacao, dando ocasión a los moradores de fabricar rico chocolate; crece asimismo allí genjibre, tabaco, y derrítese mucho sebo de las bestias que cazan.

Los españoles de esta amenísima isla tienen costumbre de navegar con sus canoas hacia la isla llamada Savona, donde hacen su pesca, principalmente, de tortugas que vienen y se acercan de ordinario a las riberas de la mar para echar sus huevos en la arena, soterrándolos en ella y, por medio de los rayos del Sol, fermentarlo y conseguir la multiplicación de su especie. No tiene esta isla cosa digna de atención ni particular relación, pues es estéril a causa de su arenoso territorio, si bien produce un poco de Leño Santo o Guayco, cuyo uso ya explicamos en otra parte. Hacia la parte del occidente de la ciudad de Santo Domingo está situada una muy populosa aldea, cuyo nombre es el pueblo de Aso; los vecinos de ella van muy de ordinario a negociar y contratar con los de otra aldea, que está situada en el corazón de la isla, la cual se llama San Juan de Goave, que está rodeada de un aspecto magnífico de jardines, florestas y prados; extiéndese su territorio a más de 20 leguas, que apacienta muchos toros y vacas silvestres; dentro de esta aldea no viven otros que desolladores de bestias y cazadores; los cuales son mezclados de diversas sangres, esto es, blancos y negras, de donde viene la palabra Mulatos; los que nacen de indios y blancos se llaman Mestizos; y los que provienen de negros e indios se llaman Arcatraces; y otras muchas especies y raleas que allí se hallan porque los españoles se agradan más del sexo femenino negro en aquellas partes, que de las propias y semejantes. De dicha aldea se saca grande abundancia de sebo y de pieles, no dándose en ella a otro negocio ni trabajo, porque la tierra en esta parte no se puede cultivar a razón de la grande sequedad. Esto es lo que los españoles tienen en posesión en esta isla, después del Cabo de Lobos hacia San Juan de Goave, hasta el Cabo de Samana, cerca de la mar del lado del norte; y de la parte del oriente hacia la mar llamada Punta de espada, con que el resto de la isla la poseen los cazadores y plantadores franceses.

Tiene muy buenos puertos esta isla desde el Cabo de Lobos hasta el de Tiburón, que cae a la parte occidental de la isla, en cuyo distrito se hallan cuatro que exceden en bondad, capacidad y seguridad a los mejores de Inglaterra. Después del cabo de Tiburón hasta el de Doña María hay otros dos muy excelentes puertos, y de éste hasta el Cabo de San Nicólas se hallan otros doce; cada uno de ellos tiene el concurso de dos o tres buenas riberas, en cuyas aguas se pescan diversidades de pescados muy sabrosos y con abundancia. Sus campañas son tan ricas en caudalosos ríos y arroyos, que generalmente esta comarca puede cultivarse sin miedo de falta de humedad, por sus grandes raudales, suponiendo, como es cierto, que no se pueden hallar mejores en todo el mundo. Las orillas de la mar son también muy agradables, a las cuales llegan las tortugas en abundancia a echar sus huevos.

Fue muy poblada la parte del norte de esta isla con muchas villas y lugares, pero arruinándolos la nación holandesa, los desterró del todo la española.

Capítulo IV. De los frutos, árboles y animales que se hallan en la isla Española

Las espaciosas campañas de esta isla se dilatan ordinariamente a 5 o 6 leguas, siendo su amenidad tan agradable, que con la variedad de gérminos alternantes hacen magnífico aplauso y armonía en la más sufrible contemplación, recreando el sentido de la vista a porfía con el olfato y, ambos, rindiendo al gusto tributo, que el tacto ofrece nunca oídos. Lisonjean el apetito otras diversidades, especialmente la multitud de naranjos y limones, dulces, agridulces y agrios, sin que la naturaleza haya andado escasa de dejar de producir fresquísimas limas, toronjas y cidras; bien que, en lo que toca a los limones, no exceden a la magnitud de un huevo de gallina, que los distingue en esta desproporción a los de España, de que nuestras septentrionales regiones se hallan participantes con abundancia; como de otros óptimos frutos de la Iberia, Galia y Lusitania. Las palmas dactilíferas, que prolongados llanos producen, son de una muy empinada proporción, cuya descollada lozanía deleita sin enojo; su altura se observa ser de 150 hasta 200 pies, siendo despojadas de ramas hasta el cogollo, el cual contiene cierta gustosa materia semejante a la del repollo blanco, de donde están pendientes dichas hojas y en quien la simiente se encierra. Cae cada mes una hoja y al mismo tiempo germina otra en el mismo lugar, mas la simiente no madura sino una vez al año, que es pasto sabroso a los puercoespines. Del tallo, los moradores de la isla hacen el mismo caso para comerle, y del mismo modo que se practica en Europa con las coles cocidas, echándole a rebanadas en la olla de carne. Tienen de longitud las hojas siete u ocho pies, y de latitud tres o cuatro, siendo muy aptas para cubrir las casas en lugar de tejas, sirviendo de segura defensa a cualquiera que se recoge debajo de ellas en tiempo de lluvia, de cualquier suerte que las hallen o pongan sobre sí; como también se aprovechan de ellas para envolver carne ahumada y para hacer una suerte de cubos con que manejan el agua que han menester; no siendo durables más que el espacio de seis, siete y ocho días. Los tallos, en lo exterior, son de un color verde y por de dentro muy blancos, de los cuales se separa una corteza que es a modo de pergamino, pudiendo escribir sobre ella como hacemos sobre el papel. Son estos árboles de una corpulencia que dos brazadas no pueden casi abarcar, no pudiendo propiamente llamarse leñosos más que tres o cuatro pulgadas en la cantidad del espesor y en lo interior muy tiernos, de suerte que se pueden rebanar (quitando las dichas tres o cuatro pulgadas) como quesos frescos. Córtanlos más arriba de la raíz, tres o cuatro pies, y hacen en el tronco un agujero, del cual destila un licor poco a poco que en breve tiempo se rinde tan fuerte como el vino más generoso, que emborracha muy fácilmente a los que con sobriedad no lo usan. Llaman los franceses palmas francas a estos árboles, los cuales nacen y se tienen en tierras saladas.

Hállanse, además de las referidas palmas, otras cuatro especies de ellas, que se nombran: latanier, palma espinosa, palma a chapelet o rosario, palma vinosa. La latanier no es tan alta como la vinosa, si bien tiene casi la misma forma, excepto que las hojas son como abanicos; nacen en tierras pedregosas y arenosas, pareciendo su corpulencia de siete pies, poco más o menos, y toda cuajada de espinas, largas de medio pie, muy agudas y fuertes; da su simiente del mismo modo que la que arriba dijimos, sirviendo, como ella, también de alimento a las bestias silvestres. Tiene el nombre de espinosa otra de las cuatro especies, por estar sumamente cuajada, desde la raíz hasta las hojas, de ellas, más que la precedente; con ellas atormentaban algunos indios bárbaros a sus prisioneros de guerra que, atándolos a un árbol, toman dichas espinas y las ponen en bolas de algodón a modo de erizos, los cuales mojan en aceite y con ellos punzan penetrantísimamente los miserables pacientes, llenándoles sus cuerpos de tales puntas y dejándolos cubiertos de ellas, tan espesas como crecen en los árboles; péganles después fuego y si el atormentado canta en medio de sus dolores, entre las llamas, le estiman por bravo y generoso soldado que no teme los enemigos, ni sus tormentos; si, al contrario, grita, dicen que es un poltrón, indigno de memoria. Semejante historia me fue relatada por un indio que lo había ejecutado muchas veces en algunos de sus enemigos y muchos cristianos han visto tan crueles acciones viviendo entre tan bárbara canalla.

Mas, prosiguiendo mi discurso, diré que la palma de que hablamos no se diferencia de la latanier si no es en que las hojas son semejantes a las de las palmas francesas; echa su simiente como las otras, diferenciándose en que es mucho más grande y más redonda, casi como un maravedí, y por estar dentro llena de pepitas de tan buen gusto como el de las nueces de España; crece este árbol en los bajos de la costa marítima. La palma vinosa toma el nombre a causa de la abundancia de vino que de ella sacan; crece en altas y pedregosas montañas, no siendo más alta que de cuarenta a cincuenta pies, de una extraordinaria forma, pues desde la raíz hasta la mitad de su altura no es más espesa que tres o cuatro pulgadas y llegando hacia lo alto, más allá de los dos tercios, es tan grande y espesa como una cuba ordinaria, que por dentro está llena de una materia parecida al tierno tronco de un repollo blanco, la cual se halla empapada de cierto licor de muy agradable gusto que, después de haber depuesto la madre, se reduce en un muy buen vino claro, sacado con poca industria; pues habiendo cortado el árbol con un ordinario machete, hacen una abertura cuadrada en él majando la dicha materia hasta tanto que fácilmente la pueden exprimir con las manos, no teniendo necesidad de más instrumento. Hacen ciertos vasos de las hojas, no solo para purificar el licor sobredicho, mas también para beber. Lleva los frutos como las otras palmas, pero de chiquita forma, semejantes a las cerezas, buenos para el sabroso gusto, mas no para la garganta, causándola grandes dolores que atormentan de esquinencia a los que lo comen.

Palma a chapelet o para rosarios, la pusieron los españoles y franceses este nombre a causa que su simiente es apta para hacer rosarios, cuyas cuentas son pequeñas, duras y fáciles a horadar; crece esta cuarta especie en las cumbres de las más altas montañas, con muy empinada elevación, mas muy estrechos y poblados de muy pocas hojas.

Cierta especie de albaricoques produce esta isla, semejantes en la magnitud a los melones, de un color ceniciento y del gusto de albaricoques de la Europa, teniendo sus pepitas de la magnitud de un huevo de gallina, de los cuales hacen deleitoso banquete muy de ordinario los jabalíes, con que engordan a maravilla. Son semejantes a los perales los caremitas, cuyos frutos parecen a las ciruelas damascenas, que son de agradable gusto, casi como a la leche dulce; son negros por dentro y sus pepitas son tal vez dos, otras tres y cinco, grandes como un fríjol, no siendo menos agradable pasto a los jabalíes que el precedente, pero no se hallan tan comúnmente por la isla como otros. Los jupinas se encuentran a cada paso, muy parecidos a los cerezos, aunque sus ramas son más dilatadas y sus frutos de un color ceniciento, de la magnitud de dos puños, cuyo interior está lleno de ciertas puntas que las envuelve una película muy tenue, la cual si no la pelan al tiempo de comerlas, es causa de grandes obstrucciones u opilaciones y dolores de vientre. Antes que estos frutos maduren, si los exprimen, despiden un licor tan negro como la tinta con que de ordinario se escribe, pudiendo usar de él para escribir sobre el papel, cuyas letras se desvanecen en el término de nueve días y el papel queda tan blanco como si jamás se hubiera en él escrito; su madera es muy fuerte, sólida y dura, propia para navíos, pues de ella se observa durar largo tiempo dentro del agua.

Esta deliciosa tierra es coronada de otra muchedumbre de árboles que producen muy buenos frutos, de los cuales omitiré algunos por estar cierto hay volúmenes enteros escritos por diversos historiadores que los han escudriñado con atención más filosófica que la mía; mas aunque no es de mi intención aquí tratar de cosas de este género, no obstante la curiosidad me induce a relatar algunos más particulares, como son: cedros, que esta admirable parte del orbe produce en cantidad prodigiosa; intitúlanlos acajou la nación francesa hallándoles muy útiles para fabricar naves y canoas, que son como pequeñas saetías labradas de un solo árbol, tan veleras que se pueden intitular Postas de Neptuno; lábranse sin algún instrumento de hierro, quemando los árboles en lo inferior cerca de la raíz y gobernando el fuego de tal modo, que no se quema nada más que lo quieren los industriosos indios; otros tienen hachas de piedra con que raspan si algo se quemó por descuido; y así saben darlas una forma con fuego que las hacen capaces de navegar con ellas 60 o 70 leguas y más, con toda ordinaria seguridad.

La próbida naturaleza ha andado en esta tierra tan manirrota que no queriendo que donde franqueó sus tesoros con tanta liberalidad dejase de abundar en contramorbíficas infecciones (que a ser yo grande físico pudiera granjearme, como otros, el título de botánico), pues la medicina puede hallar aquí materia suficiente para trastornar los almacenes galénicos y hornos paracélsicos. Tiene la fragilidad sublunar en el seno de esta isla, para ocurrir a diversas enfermedades, árboles, plantas, hierbas y simientes, con que no solo sus moradores hallan remedio en sus achaques sino también de comerciar con las naciones más remotas. Diré de algunas más conocidas, dejando la multitud a laboriosos herbolarios que ya con docta experiencia han observado sus virtudes, y cualidades, de que se podrán hallar enteros volúmenes escritos, si los curiosos lectores con su fatiga quisieren meditar sus leyendas. Entre los árboles medicinales se hallan el brasilete, manzanilla, el que destila la goma Elemi; Lignum Guayacum o palo santo; Lignum Aloes o palo de acíbar; Cassia lignea o caña fístula; Radix Chinae o raíz de quina. El mapou, fuera de ser medicinal, siendo un árbol muy espeso se sirven de él para labrar canoas, aunque no es tan bueno que el acajou, por ser esponjoso, que con facilidad tira o atrae a sí mucha agua, con que es peligrosa embarcación. El acomá es una suerte de leña dura y pesada del color de palma, muy cómoda para hacer remos a los molinos de azúcar.

Es muy conocido el brasilete en las provincias de Holanda, al cual llaman por otro nombre leña de pescado palo, a propósito para el uso de la tintura; crece en grande abundancia en las costas marítimas de esta isla, en ciertas partes que se llaman Jacmel y Jaquina; estos dos sitios son cómodos puertos o bahías donde pueden llegar navíos de alto bordo. La manzanilla crece cerca de la mar, siendo naturalmente árbol tan enano, que sus ramas por cortas que sean tocan al agua; lleva un fruto en algún modo semejante a las camuesas odoríferas, mas de cualidad muy venenosa, porque habiendo comídolas alguno, muda el color y una tan ígnea sed le sobreviene que todo el agua del Tajo no es bastante de refrescarle, con que rabiando en muy poco tiempo muere. Lo que más es, que los peces comiendo (como de ordinario sucede) de este pestilencial fruto son venenosos; da este árbol un licor espeso y blanco como el de la higuera y si alguno le toca con la mano levanta ampollas en la carne, tan rojas como si ardientemente se hubiera escaldado. Sucedióme que habiendo cortado un ramo (sin conocer sus tretas) para abanicarme y desechar los mosquitos que me importunaban la cara, se me hinchó al día siguiente y llenó tanto de ampollas como una quemadura, que en tres días no pude ver cosa alguna. Llaman los españoles icaos a ciertos árboles que crecen sobre las riberas, los cuales llevan sus frutos parecidos a las ciruelas endrinas; los jabalíes vienen a buscarlos cuando son maduros y les llena tanto como si comiesen carnes muy pingües. Deléitense estos árboles entre la arena y son tan bajos, que aún siendo largas sus ramas, cogen gran circunferencia, casi arraigadas al suelo. Los abelcoses llevan frutos semejantes en el color a los icaos, mas de la magnitud de melones, cuyas pepitas son como huevos, la materia es amarilla y de un agradable gusto que los cochildres franceses comen en lugar de pan, no hallándolos buenos los jabalíes; crecen muy levantados y espesos estos árboles, pareciéndose en las hojas a un peral muy frondoso.

Después de haber hecho una breve discripción de algunos árboles y frutos que se hallan en esta isla, diremos al propósito algo de insectos, loando al Sumo Criador que en esta tierra quiso fuesen inmunes de alguna bestia ponzoñosa.

Tres especies de moscas, que pérfidamente atormentan los humanos y mucho más a los que en aquella tierra jamás estuvieron, o corto tiempo, contaré. Las primeras son tan grandes como los tábanos de España; las cuales lanzándose sobre los cuerpos chupan la sangre hasta que no pueden más volar; su importunidad obliga a servirse prolijamente de ramas para aventarlas; los españoles en aquellas partes las llaman mosquitos y los franceses maranguines. La segunda especie de estos insectos no es mayor que un grano de arena, no hacen algún ruido, como la primera especie, por cuya razón es más dañosa, pudiendo penetrar el más tupido lienzo; los cazadores se untan la cara con manteca de puerco por eximirse de tan enfadosas bestezuelas y la noche, estando en sus cabañas, queman tabaco en hoja, sin cuya humareda no pudieran reposar; de día no hacen mucho mal, si el menor viento se mueve, por manso que sea, las hace disipar. Los mosquitos que proponemos de la tercera especie no son mayores que un grano de mostaza; su color es rojo y no pican de ningún modo, mas muerden sutilmente en la carne, en la cual causan pequeñas llagas; sucede algunas veces que la cara donde picaron se hace disforme por el inconveniente dicho. Dominan y prevalecen todo el día, desde la aurora hasta el ocaso; después de cuyo tiempo se reposan y dejan sosegar los mortales; pusieron los españoles por nombre a estos insectos rogados y los franceses caladores.

La cochinilla que se halla en esta espaciosa isla es muy parecida a la ordinaria excepto que es un poco mayor y de figura más larga; tienen dos puntos en la cabeza que de noche causa tal claridad, que si (como sucede) se juntan tres o cuatro encima de un árbol, no se puede de lejos deliberar sino que es fuego muy luminoso. Tuve un día tres en mi barraca hasta más de la media noche, y en ella, sin otra luz, me daban tal claridad que muy cómodamente podía leer en cualquier libro por letra menuda que fuese. Quise traer a la Europa algunos de estos animalejos, mas habiéndolo intentado, se me murieron llegando a temperamento más fresco que aquél, con que inmediatamente perdieron y se desvaneció su resplandor, siendo tan grande que con razón los españoles los llaman moscas de fuego.

Los grillones son en cantidad excesiva y de una magnitud extraordinaria, gritando revientan si alguna persona pasa junto a ellos. No hay menor número de reptiles como son serpientes y otros; mas por gracia particular del Sumo Criador, carecen de veneno, no haciendo algún daño más que a las aves que pueden agarrar, principalmente pollas, pichones y demás de este género. Sírvense en las casas algunas veces de tales serpientes para despojarlas de ratones y ratas, teniendo tal sutilidad que contrahacen sus chillidos, con que los engañan y cogen más a su gusto; habiéndolos cogido de ningún modo comen las tripas, mas chupan la sangre y desechan los intestinos, con que luego se los tragan enteros y no dejan de digerir en blando excremento para descargar sus vientres. Otro género de reptiles que dieron por nombre cazadores de moscas se halla y, a causa de experimentar, no se sirven de otro mantenimiento que de moscas, las llamaron así; mal, no se puede decir causen a los moradores, antes alivio, pues disminuyen con su continua caza las prolijas y molestas moscas. Galápagos terrestres hay en grande cantidad, los cuales se crían en el lodo y campos húmedos; comen los moradores de ellos asegurando ser muy buen mantenimiento. Disforme es el género de arañas de que aquí haremos mención, siendo las que allí se crían tamañas como un grande huevo y sus patas largas como las de muy grueso cangrejo; muy pelosas y con cuatro dientes negros, a modo de los de un conejo en magnitud y forma, y aunque sus mordeduras no son venenosas, por lo menos pueden furiosamente morder, como es su costumbre; sus mansiones son en los techos de las casas. No está libre esta tierra de los insectos llamados milpies y en latín Scolopendria, como también de escorpiones; mas por Divino Privilegio, sin sospecha de ponzoña son los unos y los otros, que aunque no dejan de morder su mordedura no tiene necesidad de aplicarla algún medicamento; si bien, al principio, causan alguna hinchazón que de sí misma se disipa; con que, finalmente, en toda esta isla no se halla algún animal de quien se pueda saber haga dañoso estrago con su veneno.

Pues tenemos entre las manos el tratar de los insectos, diremos del caimán alguna cosa. Es, pues, una especie de cocodrilo que en esta isla se halla número considerable y entre ellos algunos de una corpulencia horrible; vístose han de sesenta pies de longitud y doce de latitud. Tales animales usan de una maravillosa sutileza para buscar de comer y es que se ponen en las entradas de algunas riberas sin moverse más que si fuesen un árbol viejo caído en las aguas, nadando encima sin movimiento propio que el que las olas causan, mas no se alejan de la tierra aguardando que algún jabalí o vaca salvaje vengan a beber y refrigerarse a las orillas, en cuyas ocasiones saben cogerlos inmediatamente, con tal vivacidad que atrayéndolos a la profundidad los hacen ahogar. Lo más que se debe notar y admirar es que tres o cuatro días antes que vayan los caimanes a tal caza, no comen cosa alguna, mas yendo para el agua se tragan ciento o doscientas libras de piedras, por cuyo medio se hacen más pesados y aumentan a sus fuerzas (que son grandes) esta carga, para hacer más asegurados el asalto. Anegada ya la presa la dejan cuatro o cinco días intacta, pues no sabrían morderla por no estar medio podrida; pero llegando a tal putrefacción, se la comen con buen apetito y favor.

Si pueden agarrar algunas pieles de bestias, que ordinariamente ponen a secar los moradores de la isla al Sol en la campaña, cerca de algunas riberas, las tiran y arrastran dentro del agua, donde las dejan algunos días bien cargadas de piedras, hasta que se las cae el pelo, de cuya suerte las engullen no con menos presteza que los mismos animales si los cogieran. He visto yo mismo duplicadas veces tales acciones y dejando mi experiencia particular aparte, diré que muchos historiadores han hecho tratados enteros sobre estos animales, tanto explicando su figura, cantidad y cualidades ordinarias, cuanto su vida y brutales inclinaciones, que como he referido son raras. Un hombre de reputación y crédito me contó haber estado cierto día cerca de una ribera lavando su barraca o tienda y que al punto de su llegada a las aguas que comenzó a lavar, vino un caimán que con furia intrépida le arrebató de las manos la tienda y con celeridad la sumergió; quería el hombre ver en qué paraba el caso y tiraba por el lado opuesto con toda su fuerza teniendo un cuchillo entre los dientes para defenderse en urgente necesidad, mas echándose el caimán sobre él, le tiró al agua con grande ímpetu, cargándose encima para ahogarle; hallábase este hombre a toda extremidad, con que dio al caimán una puñalada en el vientre, de la cual en poco tiempo murió. Sacóle después a la orilla; al cual abrió y tiró fuera de su estómago cerca de cien libras de piedras, tan grandes cada una como un puño. Vanse de ordinario los caimanes siguiendo las moscas para tragarlas, y tienen ciertas escamas entre la carne y pellejo que huelen a almizcle, donde algunas de ellas llegan a picar, con que son perseguidos y persiguen a estos insectos con simpatía irreconciliable. El modo de fermentar y prolificar sus hijuelos es de este modo: lléganse a las arenas de alguna ribera que esté expuesta a los rayos del Sol meridiano, entre las cuales echan sus huevos cubriéndolos con su pata; que después hallan fermentados con sus embriones por medio del calor del Phebo; los cuales, luego que se hallan fuera de la membrana oval, se van por curso natural al agua. Las madres en tiempo que puedan tener algún temor de avenidas de pájaros que los suelen descubrir, escarbando en la arena y rompiéndolos, se los tragan y guardan en su estómago de noche y, de tiempo en tiempo, mientras es de día los vuelven a echar como dije hasta que llega la sazón referida de salir de la membrana, que entonces, si la madre está cerca, se van y juegan con ella regocijándose juntos a su modo, entrando y saliendo en su cuerpo como conejos en la vivera. He visto estos torneos muchas veces hallándome de la otra parte a las orillas de una ribera y tirando hacia ellos una piedra, los pequeñuelos se metieron todos dentro de la madre huyendo de los peligros exteriores. El modo referido de procrear estos animales es siempre el mismo, que no tienen ni hacen que sola una vez al año y ésta por el mes de mayo. Diéronlos en este país por nombre cocodrilos, aunque en otras los llaman caimanes.

Capítulo V. De todo el género de animales cuadrúpedos y aves que se hallan en esta isla, como también, relación de los bucaniers franceses

Además de lo fructífero de esta isla (que como queda dicho, sobrepasa a todas las de la América) abunda en toda suerte de animales cuadrúpedos, como caballos, toros, vacas, jabalíes y otros, que son muy útiles a la solercia humana, no solo para el sustento común sino también para cultivar los campos y dar materia suficiente a un proporcionado comercio; se hallan aun grandes perros monteses, que destruyen muchedumbres de animales, sucediendo que, luego que pare una vaca o yegua, vienen buscando sus faones para devorarlos, si no es hallando resistencia de otros perros domésticos. Estos montesinos corren de ordinario atropados de cincuenta a sesenta, siendo tan atrevidos y resueltos, que acometen a una tropa de jabalíes, que no dejan de perseguir hasta que, por lo menos, hayan vencido y destrozado dos o tres. Hízome un bucanier francés ver una rara acción de esta ralea y fue que estando un día con él a la caza oímos grande rumor de perros, que habían cercado un jabalí; teníamos con nosotros domésticos de este género, los cuales dejamos encargados a nuestros criados. Mi compañero y yo nos subimos en distintos árboles para ver esta refriega; el jabalí era solo, que arrimado a un árbol con sus colmillos se defendía del número de perros que le habían cercado, matando a dentelladas e hiriendo muchos de ellos. Duró cerca de una hora este combate, entre el cual procuraba el jabalí huirse, en cuya fuga saltó un perro sobre él y le agarró por los testículos que de una tirada despedazó; viendo los otros perros el valor del primero, saltaron todos sobre el jabalí y le mataron en poco tiempo. Después todos (excepto el primero) se echaron en tierra alrededor y dejaron pacíficamente comer cuanto pudo al primer perro y más valiente, el cual habiéndose separado, todos los otros entraron a la parte hasta que no quedó cosa alguna, que supieron engullir en media hora de tiempo. ¿Qué podremos concluir de esta tan notable acción ejecutada por el senso brutal de estos animales? Si no es que las bestias tienen conocimiento y que muestran a los hombres a hacer honor a los que se les debe pues ellos, siendo irracionales, le hicieron al que se expuso al mayor riesgo solo, venciendo pérfidamente al jabalí.

El gobernador de Tortuga, llamado Beltrán Ogeron, viendo que los perros silvestres hacían tanto mal a los jabalíes y que los cazadores de aquella isla se hallaban en pena para cazar algunos, faltando a la isla el sustento más ordinario de ellos, hizo traer del reino de Francia mucha ponzoña, para exterminar todos los perros monteses; ejecutólo el año de 1668, haciendo matar algunos caballos, mandándolos abrir y envenenar y que los expusiesen por los bosques y campañas donde más perros concurrían; continuólo el espacio de seis meses, con que mató una infinidad increíble, no bastando a su exterminación y ruina esta industria y copiosa mortandad para que se pudiera conocer disminución, pues el número parecía estar siempre en su entero. Puédese con facilidad amansar este género de perros entre la gente, como los ordinarios que criamos en casa, y no solo esto se experimenta, mas cuando los cazadores hallan alguna perra parida, suelen coger los cachorrillos y llevárselos a casa, los cuales llegando a ser grandes aventajan a otros en la caza.

Puede ser que el curioso lector quiera saber por qué medio y de dónde vinieron en aquellas tierras tantos perros salvajes. La causa fue que habiéndose señoreado los españoles de estas islas las hallaron muy pobladas de indios y viendo esta bárbara nación que la mezcla y amistad de los nuevos conquistadores les era freno a su holgazana y brutal vida, entregados totalmente a las delicias y gustos de la carne sin querer trabajar, ni darse a otros ejercicios que a correr de un lugar a otro, inclinándose a matar y hacer la guerra a sus vecinos, sin otra ambición de reinar, que solo porque no convenían en algunos términos de su común lenguaje, concibieron tal aborrecimiento por ellos, no siéndoles sufrible ver que se apoderasen de sus tierras, reinos y provincias, oponiéndose contra ellos y haciendo toda la resistencia imaginable, hasta que los españoles hallándose perseguidos y poco seguros detal canalla resolvieron de arruinar y exterminar a quien con el dulzor del trato, ni con el candor de las costumbres políticas podían domar. Los indios, que tienen por costumbre hacerse fuertes en los bosques, se refugiaban en ellos, huyendo de los enemigos que los buscaban, por cuya razón, los nuevos conquistadores se sirvieron de perros para descubrir en lo intrincado de las selvas tan mortales e indómitos contrarios, de donde los hacían salir por fuerza para reducirlos con el hierro, ya que la blandura del suave ungüento les servía más de inflamar que de resolver los tumores de aquellos hinchados y apostemados ánimos. Mataron algunos y descuartizaron para que con tal escarmiento en cabeza ajena, la suya se redujese, pero en lugar de amansarlos y traerlos a la comunicación civil, temieron tanto los que aún estaban escondidos que se determinaron a no aparecer más y así la mayor parte murieron en cavernas y lugares subterráneos, en cuyos sitios he visto muchas veces cantidades de huesos humanos. Viendo, pues, los españoles que no aparecían más indios, procuraron echar de su poder la multitud de perros que tenían en sus casas, los cuales hallándose sin quien los diese de comer se fueron a los bosques y campos a buscar de que sustentarse, con que se desacostumbraron de los domicilios de sus antiguos amos. Concluimos, pues, que ésta es la verdadera razón por que la multitud de perros silvestres se aumentó tanto en estas partes.

Los caballos silvestres, que a manadas y tropas corren por esta isla de Santo Domingo o Española, son de pequeña estatura, cuerpos cortos, cabezas grandes, largos cuellos, piernas gruesas; en fin, no tienen alguna bondad en toda su figura. Vense correr de ordinario de doscientos a trescientos juntos, yendo siempre guiando uno delante de la multitud y percibiendo alguna persona pasajera la dejan acercar casi a la extensión del brazo e inmediatamente se ponen en fuga, corriendo sin orden, al que más. Cógenlos con industria los cazadores por el provecho de las pieles guardando a veces sus carnes que endurecen al humo, las cuales les sirven de provisiones cuando van a la mar. Los toros y vacas silvestres fueran en mayor número si con la continuación de la caza no los hubieran destruido, aunque pueden hoy sacar provecho razonable los que se emplean en cogerlos. Son los toros de grande corpulencia y hacen mal a persona cuando no los agitan y dejan en su reposo; las pieles que desuellan son de once a trece pies grandes.

La diversidad de aves que vuelan y pueblan el aire de esta isla la hallo tan grande que me fuera enfadoso y lo sería al lector el relatarla; mas dejando la prolijidad de la muchedumbre haré mención de los más principales. Hay una especie de pollas en los bosques a quien los españoles dieron por nombre pintadas, que los moradores hallan sin distinción tan buenas como las que crían en casa. Sabemos que los papagayos vienen a nuestra Europa de aquellas partes, que pues vemos la cantidad de remedantes entre nosotros, debemos considerar que aun con la contrariedad de climas se conservan en tanto número, mucho mayor queda donde les es natural el aire y temperamento. Palomas de todo género participa el Próvido y Potente Criador, entre las demás aves, con largueza. Cabreros, horonfetas y otras rinden feudo entre el resto, no con menor agrado a la vista y sonoro canto al oído, cuanto sabroso mantenimiento al paladar de los más delicados moradores. Los papagayos anidan en lo carcomido de los árboles palmites en nidos que fueron antes fabricados por otros pájaros, siendo incapaces por sí de hacer aberturas en cosa que se sea por tener los picos muy aguileños: a cuyo defecto la próvida naturaleza les ayudó de la industria con que trabajan otras avecillas llamadas carpinteros, que no son más grandes que un gorrión, pero de tan sutiles y duros picos que no hay herramienta más asegurada para agujerear cualquier árbol por sólido y macizo que sea, donde después de fabricados por éstos, aquéllos toman posesión y se perpetúan en ellos.

Extrema cantidad de pichones tiene esta tierra, mas para comerlos tienen los moradores observadas las sazones, como de las palomas que hemos dicho tratando de la isla de Tortuga; estos pichones son más grandes y gordos que los de aquélla. Hay otra suerte de avecillas llamadas cabreros muy parecidas a las heronsetas que para su sustento se sirven de cangrejos; hállanse en estas aves siete distintas hieles y así su carne amarguea como el acíbar. Los cuervos, más prolijos que útiles, graznan por todo el distrito de la isla; su mantenimiento ordinario es de carnes de perros silvestres y de la que los bucaniers desechan de las bestias que desuellan; oyendo estas casi perennes aves algún tiro de escopeta o mosquete, se juntan cuantos pueden y graznan fuertemente, pareciéndose en todo a los de nuestras regiones.

Quédanos aún tratar de la nación francesa que habita una parte de esta grande isla. Hemos dicho a los principios de qué manera vinieron a ella; al presente hablaremos de su vida, funciones y ordinarios empleos. Sus ejercicios son tres: ir a la caza, plantar y navegar como piratas. Todos tienen por costumbre de buscar un camarada o compañero poniendo todo lo que poseen en beneficio recíproco, haciendo una escritura de contrato tal como ellos acordaron; algunos constituyen al segundo viviente heredero de lo que queda después de la muerte del primero, otros a su mujer legítima, si es casado, y otros a sus parientes. Hecho esto cada uno va a su ejercicio, aplicándose a uno de los tres propuestos.

Los cazadores se subdividen, unos en la caza de toros y vacas y otros en jabalíes; los primeros se llaman bucaniers, cuyo número después de poco tiempo se ha aumentado hasta seiscientos, mas al presente no se pueden contar más que trescientos, poco más o menos, a causa de la grande disminución de bestias, siendo en tanto grado que bien lejos de adquirir una mediana ganancia, se hallan pobres en tal ejercicio. Cuando estos bucaniers van al bosque se quedan allá un año y algunas veces dos sin salir. Navegan después a la isla de Tortuga para comprar armas de fuego, pólvora, perdigones, balas y todo lo demás que necesitan para emprender otra caza; gastan el resto de sus ganancias con grande liberalidad, dándose a toda suerte de sucios vicios siendo el primero la borrachez con el aguardiente que beben del mismo modo que los españoles agua común de una buena fuente. Compran a veces una pipa de vino, la cual desencajan por una parte y propinan con ella hasta que la ven el fin, celebrando con solemnidad la fiesta de su dios Baco en tanto que su dinero dura; no olvidando al mismo tiempo las conjunciones venéreas, para las cuales hallan más que quieren, pues los taberneros y rameras se preparan a tropas aguardando la buena llegada de los sucios bucaniers, del mismo modo que en Amsterdam hacen estos dos destruidores del alma y de la naturaleza cuando la flota de las Indias Orientales da fondo en la ribera de Texel, 14 leguas de la sobredicha ciudad. Son los tales bucaniers cruelísimos con sus criados, en tanto grado que se estimarían más remar en galera o aserrar palo del Brasil en los Rasp huys de Holanda, que servir a tales bárbaros.

La segunda suerte de cazadores no hacen otra cosa que coger jabalíes, cuyas carnes salan y, así guardadas de corrupción, las venden a los plantadores. Tienen estos segundos la misma vida y mañas que los primeros, haciendo la caza con otro estilo que en nuestros países cuando persiguen dichos animales, para lo cual estos bucaniers, de que ahora tratamos, tienen lugares destinados donde viven el término de tres o cuatro meses y algunas veces, aunque raras, un año; llaman a estos lugares Deza Boulan, en donde acompañados de otros cinco o seis amigos que parten juntos, quedando en recíproca amistad el tiempo sobre dicho. Los primeros bucaniers se obligan con tal cual plantador a darle carne, cuanta hubiera menester, un año entero a cierto precio, cuya paga se hace de ordinario con doscientas o trescientas libras de tabaco en hoja, además que el plantador obligado debe dar un criado que llevan consigo para asistirles, a quien el amo da bastantes municiones, particularmente de pólvora, balas y perdigones para que cace.

Comenzaron los plantadores a cultivar y plantar en la isla de Tortuga el año de 1598, siendo la primera plantación de tabaco, el cual crecía a maravilla de muy buena calidad, mas a causa de la pequeñez de aquella isla no han podido plantar sino muy poco hallando, también, que muchos campos de esta tierra son incapaces a fructificar esta planta. Intentaron cultivar azúcar, pero considerando los grandes gastos que para su fábrica son menester, no pudieron reducir por falta de medios, de suerte que la mayor parte del pueblo (como dijimos) se dieron a la caza y algunos tomaron partido con los piratas. Finalmente, viendo los cazadores que apenas podían subsistir con su primer ejercicio comenzaron a buscar tierras al propósito de la labranza y en ellas plantaron tabaco. Los primeros campos que eligieron para ello fueron Cal de Sac, cuyo territorio mira a la parte septentrional de la isla y le subdividieron en diversos cuarteles, que llamaron la grande Amea, Niep, Rochelois, el Garve pequeño, el Grande Garve y el Augame, donde poco a poco se aumentaron de tal modo que el día de hoy se hallan por estos campos más de dos mil plantadores. Tuvieron al principio mucho trabajo, pues cuando comenzaron a cultivar no podían salir a buscar mantenimientos fuera de la isla, aumentando esta pena el ser necesario rozar, cortar, quemar y mullir, desarraigando las muchas raíces de árboles y zarzas, porque en el tiempo que se hicieron poseedores los franceses de aquella tierra, toda estaba poblada de espesísimos bosques, frecuentados por extremo de abundancia más que ordinaria de jabalíes. El medio que entonces tomaron fue, formar pequeñas compañías de dos o tres personas, dividiéndose en cuarteles lejos los unos de los otros, proveídos de algunas hachas o destrales y de algún poco de craso sustento, con cuyas prevenciones se fueron al bosque e hicieron cabañas para su morada, tejidas de palos y ramos de árboles. Fue su primer trabajo rozar los zarzales y arbolillos; cortaron después los grandes y haciendo montones, mezclados con sus ramos, los quemaron excepto los troncos que arrancaron algunos como pudieron. La primera simiente que echaron en la tierra fueron habas, que nacen en aquellos territorios, llegan a sazón y se secan en el tiempo de seis semanas.

El segundo fruto necesario a la vida humana fueron patatas; antes que lleguen a sazón pasan cuatro o cinco meses; de ellas almuerzan por la mañana sin otro aderezo que cocidas en un caldero con agua común, a las cuales dejan cubiertas con un lienzo el término de media hora, con cuya preparación se hallan después como castañas cocidas. Sírvense también de una partida de dichas patatas para componer cierta bebida que llaman maíz: córtanlas en piezas menudas y las cubren de agua caliente donde, habiéndose bien empapado, las exprimen por un lienzo algo ralo y el licor algo espeso que sale, guardan en cántaros hechos para este efecto, que reposado dos o tres días comienza a fermentar y depuestas las heces, beben de él con gusto teniéndole un poco ácido mas muy agradable, sustancioso y sano. Deben a los indios la industria de esta composición, como de otras muchas que el ingenio de aquellos bárbaros alcanzó por necesidad de la conservación y delicias del individuo.

El tercer fruto fue mandioca, que los indios llaman cazave; es cierta raíz que plantan y antes que llegue a término de madurez pasan ocho o nueve meses y algunas un año. Estando maduras aún pueden dejarlas once o doce meses dentro de la tierra sin sospecha de corrupción, pero habiendo pasado dichos tiempos, deben beneficiarlas para el uso ordinario del sustento a sus personas, donde no adquieren total putrefacción e inutilidad. De ellas hacen en aquellas partes una suerte de harina granada, muy seca y blanca por extremo, que suple a la falta del pan común de trigo, de que son estériles los campos de aquellas tierras. Tienen rallos de cobre y latón, en los cuales raspan las tales raíces, como en Holanda acostumbran raspar el mirick (ésta es una raíz muy picante, tirando al gusto de mostaza fuerte, con la cual se hacen salsas para comer algunos pescados); cuando ya han raspado lo que les parece bastar para el sustento de aquella vez lo meten en sacos de lienzo grueso y exprimen todo el humor hasta que las raspaduras quedan bien secas, las cuales echan por una criba, dejándolas de tal modo, como si fuesen aserraduras de madera. Estando en esta consistencia las ponen en planchas de hierro que preparan muy calientes, sobre las cuales se hacen al modo de tortas muy delgadas, que poniéndolas al Sol, encima de los cubiertos de las casas, se acaban de secar; y por no perder nada de lo que no pudo pasar por la criba, hacen de ello bollos espesos de la magnitud de cinco o seis pulgadas, los cuales ponen unos sobre otros, dejándolos podrir, con cuya materia preparan un licor, que ellos llaman veycou, y hallan muy excelente, aunque no excede la cerveza del norte. Bananas es un fruto muy al propósito para hacer también licor, siendo tan fuerte y generoso como el mejor de España, el cual con facilidad hace tomar sueño en el templo de Baco y, además, causa mal de garganta al que superfluamente lo bebe. Guinés agudos es otra suerte de fruto de que se suele componer licor para beber, el cual no es tan fuerte como el precedente; si bien, uno y otro los mezclan con agua para apagar la sed.

Cultivado que hubieron estas plantaciones y llenándolas de toda suerte de raíces y frutos necesarios al sustento de la vida humana, comenzaron a plantar tabaco, cuyo cultivo se prepara haciendo líneas en los campos no mayores cada una que de doce pies en cuadro, los cuales cubren muy bien con hojas de palmites, de suerte que los rayos del Sol no puedan inmediatamente herir la tierra, en cuyo seno está sembrado el tabaco; riéganlo cuando no llueve, y habiendo ya crecido hasta la magnitud del lechugino, le transplantan en líneas rectas, hechas en otros muy dilatados campos, separando cada planta el espacio de tres pies. Observan el tiempo más apto para dichos plantíos, que es desde enero hasta el fin de marzo, por ser los meses de más lluvias en aquel país; deben escardarlo con mucho cuidado, pues a la menor raíz de otra cualquiera hierbecilla que se halla es bastante para no dejar crecer el tabaco que está junto a ella. Cuando es alto de pie y medio cortan las puntas para impedir que las hojas crezcan hacia lo alto y que por ese medio reciban toda la sustancia de la tierra que las da la fuerza y el gusto. Mientras acaba de sazonarse y llega a su madurez, preparan en sus casas ciertos apartamientos de cincuenta o sesenta pies de largo y treinta o cuarenta de ancho, los cuales llenan de ramas y palos largos, entre quien ponen el tabaco a secar, que ya seco pelan la hoja y la hacen torcer a cierta gente que no se emplea en otra obra que en aquélla, pagándoles por sus jornales el diezmo entero de todo lo que trabajan.

Tiene el tabaco una propiedad, y es que, si estando aún en la tierra le quitan las hojas, vuelve a brotar cuatro veces al año. Diría sucintamente de qué modo se hace el azúcar, el índigo y gimbes, mas, pues que en las partes de que aquí hacemos descripción no se plantan, lo omitiré.

Los plantadores franceses de la isla Española han estado siempre en la sujeción de los gobernadores de Tortuga hasta el presente, aunque no han obedecido sin algunos recelos. Sucedió el año de 1664 que la Compañía de las Indias Occidentales Francesa fundó en Tortuga una colonia, bajo de la cual los plantadores de la Española fueron nombrados por sujetos; conmovióles y les disgustó mucho este decreto, teniendo a menosprecio ser vasallos de una Compañía que no tenía algún derecho para sujetarlos; además, estando en una tierra que no es de la dominación del rey de Francia; con que resolvieron el no querer trabajar más para ellos; cuya resolución fue bastante para que dicha Compañía volviese a quitar la colonia. El gobernador de Tortuga que estaba armado de plantadores, creyendo que les podría mejor forzar que la Compañía halló cierta invención para atraerlos a sí, prometiéndoles les haría vender toda suerte de mercadurías, haciéndoles traer retornos tales que les fuesen agradables. Entretanto, dicho gobernador hizo acuerdo con los mercaderes que se entendían con él; disponiendo no tuviesen algún negocio con ellos, ni con los navíos que venían y que todos viniesen dirigidos a él, para mejor evitar inconvenientes y forzarlos a obedecer por necesidad; con que no solo consiguió esto, mas también que algunos que les habían prometido negociar con ellos y visitarlos, no lo hicieron.

Llegaron dos navíos holandeses a la isla Española el año de 1669, con cuya nación determinaron negociar y por ese medio librarse del gobernador de Tortuga y frustrar sus designios políticos. Hiciéronlo vengándose de lo que les había hecho padecer. Poco después de esta ocasión, llegó dicho gobernador con un navío bien armado, al cual, no solo impidieron la entrada, sino que a cañonazos le obligaron a volverse más que de paso. Iban y venían los holandeses a quien los parientes y amigos del gobernador procuraban impedir el negocio; pero entendiéndolo, hicieron advertirlos que si se entregaban más contra el comercio que habían asentado los pasarían todos a cuchillo. Para obligar más a los holandeses y desdeñar al gobernador y a toda su parcialidad, dieron cargas a los dos navíos mayor que podían pretender, con otras muchas dádivas y presentes a los oficiales y marineros, enviándolos muy satisfechos a sus tierras. Volvieron los holandeses muy puntuales (según acordaron) y hallaron mucho más indignados a los plantadores contra el gobernador; sea por la satisfacción que tenían con los comerciantes o que con ellos se hallaban no haber menester a la nación francesa, con que por aquel tiempo resolvieron los dichos plantadores de ir a la Tortuga y hacer pedazos al gobernador. Juntáronse todos con sus canoas y fueron a buscarle con ánimo de no solo matarle, más también de señorearse de la isla, creyendo que en todo tiempo podrían tener de los holandeses la asistencia necesaria (que tenían grandes apariencias, si en aquella sazón no hubiera declarádose la guerra entre estas dos naciones en la Europa, que fue la causa con esta nueva, de retirarse y el designio formado renunciarle) y con ella constituirse republicanos independientes.

Pidió asistencia el gobernador a la Corona de Francia, de donde le enviaron dos fragatas de guerra a su seguridad y continuación de empresas, las cuales, habiendo llegado a la isla Española echaron alguna gente en tierra, con determinación de forzar el pueblo a la obediencia de quien aborrecían. Viendo los plantadores estas dos fragatas y la empresa, se huyeron a los bosques, dejando sus casas y parte de muebles y todo fue arruinado y abrasado por los franceses, sin remisión, ni cuartel, que no dieron, a todo lo que hallaron. Usó de benigno el gobernador, haciéndolos decir que se volviesen a la obediencia, y se acomodasen con él. Veíanse los plantadores destituidos de todo auxilio humano y que no podían aguardar algún socorro en su favor, con que se rindieron a ciertas condiciones que no fueron tan estrictamente observadas; pues hizo ahorcar a dos de los más principales entre ellos, perdonando todo el resto y dándolos permiso de negociar con toda suerte de naciones, con quien hallasen más a propósito. Volvieron a cultivar sus plantaciones, que produjeron grande cantidad de buen tabaco; vendiendo anualmente veinte o treinta mil rollos.

En esta tierra los plantadores tienen muy pocos esclavos, con cuya falta ellos mismos y algunos criados lo trabajan todo; oblíganse estos jornaleros de ordinario por tres años, no permitiendo la crueldad y mala conciencia de los amos a dejar de comerciar sus personas a veces, como con caballos en feria, vendiéndolos a otros como a negros de Angola. Hay algunas personas que se van a Francia (sucede lo mismo en Inglaterra y otras partes) y caminando por las ciudades, villas y lugares buscan gente y hacen grandes promesas a quien teniéndolos ya engañados y transportados a sus tierras, los hacen trabajar como a caballos, siendo mucho más que a los negros, pues dicen que deben conservar sus esclavos por serles perpetuos y los blancos que revienten, pues no están más que tres años en su servicio. Son sujetos, los miserables engañados, a cierta enfermedad que ellos allá llaman coma, siendo una total privación de todos los sentidos, proviniendo del mal trato y mudanza del aire natal, en otro totalmente opuesto. Sucede muchas veces que entre los engañados se hallan personas de calidad, los cuales, por más delicados, caen más presto en la tal, y otras muchas enfermedades; introduciéndose en ellos con más violencia que en los robustos y dados a la fatiga; además del mal trato que les hacen en el comer, vestir y reposo, los golpean cruelmente, de tal suerte, que muchos caen muertos entre las manos de tan tiranos amos; lo he visto muchas veces, no sin grandísima tristeza y dolor de mi corazón; entre cuyas ocasiones, la siguiente alegaré por más notable.

Escapóse cierto criado del dominio de su cruel amo por causa del mal trato que le hacía y habiéndose retirado al bosque, miserable y funestamente fue cogido. Caído que hubo en las manos de su amo le hizo amarrar a un árbol, donde le dio tantos palos sobre las espaldas que le bañó todo en sangre, corriendo por la tierra sobre que estaba; hízole después refrescar las llagas con zumo de limones agrios, mezclado con sal y pimienta, molidos, dejándole en aquel estado amarrado al mismo árbol el término de veinticuatro horas, las cuales pasadas le volvió de nuevo a castigar como la primer vez, hasta tanto que rindió el alma gritando y diciendo: Permita el Poderoso

Dios de los Cielos y Tierra, que el diablo te atormente tanto antes de tu muerte como tú me has hecho antes de la mía. ¡Cosa fue digna de admiración!, no pasaron tres o cuatro días sin que el justo juez del Trono Divino (que oyó los clamores de aquel mísero siervo) enviase el espíritu maligno al cuerpo de aquel bárbaro amirricida que le atormentó en carne hasta la muerte; tanto que las tiranas manos con que maltrató a su inocente criado, fueron verdugos de sí mismo, dándose golpes y arañándose de tal modo la cara, que llegó a perder la formas que la naturaleza le dio, no teniendo reposo de día ni de noche, con que en estos tormentos murió rabiando para dar el alma que permitió Dios fuera poseedor del cuerpo, de cuyas eternas penas se puede creer será no poco participante; disponiendo, por medio este ejemplo, la Divina Providencia los corazones empedernidos a la clemencia que el mansueto Cristo S. N. nos enseñó, perdonando las injurias del que nos ofendió, que es donde se ve acrisolada la virtud y dado de pie al vicio. Muchos ejemplos de este género pudiera relatar, mas, pues no es de nuestro asunto, paso al intento.

Los plantadores que vienen de las islas Caribes son mucho peores y más crueles que los precedentes; vive uno en la isla de San Cristóbal, llamado Betesa, bien conocido entre los mercaderes holandeses el cual ha dado la muerte a más de cien criados a golpes. Los ingleses hacen lo mismo con los suyos y la menor ejecución que suelen hacer es que habiendo servido seis años (siendo entre ellos la obligación servir siete) usan con ellos de tan atroces crueldades que se ven obligados de suplicar a sus amos los quieran vender a otros aunque les consta quedar de nuevo obligados a la servidumbre de otros siete años o, por lo menos, tres o cuatro. Conocí a muchos que sirvieron de esta manera quince y veinte años sin poder franquearse. Esta nación tiene una rigurosa ley en las islas y es que, cuando alguno se halla deudor de 25 chelines ingleses (son 50 reales de plata castellanos) si no puede pagarlos le pueden vender por seis u ocho meses. No tentaré la paciencia del lector más con este género de relaciones que tocan a otros asuntos fuera del que emprendí y así empezaré a contar los hechos y sucesos más célebres de piratas de mis tiempos, escribiéndolo sin pasión ni afectación, asegurando que no pasaré a discursos compuestos, sino solo aquellos de que fui testigo de vista.

Capítulo VI. Que trata de los piratas más célebres de aquellas costas americanas

Dije ya en lo antecedente cómo me fue forzoso juntarme con los piratas, a los cuales doy este nombre pues no son mantenidos de algún soberano príncipe. Lo que consta es que el rey de España diversas veces envió sus embajadores a los reyes de Francia e Inglaterra, lamentándose de las molestias que dichos piratas han hecho en sus tierras de la América, aún en la calma de la paz; a cuyos embajadores se les respondió: Que tales hombres no eran sujetos, ni vasallos de sus majestades en las funciones de piraterías y que así su majestad católica podría proceder contra ellos de la suerte que hallase más a propósito. El rey de Francia respondió además de lo dicho: Que no tenía alguna fortaleza en la isla Española, ni que de ella sacaba algún tributo. También el de Inglaterra dijo: Que jamás había dado patentes a los de Jamaica para cometer alguna hostilidad contra los sujetos de su majestad católica. No solo respondió esto, mas por dar gusto a la Corte de España, llamó al gobernador de Jamaica constituyendo otro en su lugar. Todo esto no fue bastante para que los piratas dejasen de hacer cuanto les fue posible en contra. Mas, antes de contar sus insolencias atrevidas, declararé su origen y más ordinarios empleos, como también de los principales entre ellos y su modo de armar para salir en mar.

El Pirata que estaba en la isla de Tortuga se llamaba Pedro el Grande (que en Francés se pronuncia Pierre le Grand) natural de Dieppe, el cual tomó al vicealmirante de la flota española, cerca del cabo de Tiburón, del lado del occidente de la isla de Santo Domingo, solo con una barca donde él estaba con veintiocho personas dentro: la causa de esto fue que hasta entonces, jamás los españoles habían hallado en el canal de Bahama contradiciones, de suerte que los piratas salieron en mar por el Caycos, donde le tomaron con facilidad, echando la gente española en tierra y enviando el navío a Francia. El modo con que este intrépido pirata tomó y se atrevió a tal navío diré según he leído en el diario de un verdadero autor, y es tal: Estuvo la barca de Pedro el Grande en la mar sin poder obtener nada, según su pirático intento, y faltándola ya los víveres y vituallas no podía esperar más sobre las aguas; entre este conflicto vieron un navío de la flota española que se había separado de los otros, contra el cual hicieron determinada resolución de tomarle o morir en la demanda, fuéronse acercando para reconocerle y aunque les pareció presa fuera de sus fuerzas, no obstante, desesperadamente se abordaron; habiéndose llegado de suerte que ya el navío no se les podía escapar sino muertos todos; hicieron los piratas a su capitán Pedro juramento de haberse en la acción esforzados y valerosos, sin desmayos ni temores; creían, entretanto, estos salteadores hallarían desprovéido el bajel y que a poca costa le podrían sujetar. Era cerca de la noche cuando esto se emprendió, disponiendo antes de la ejecución al cirujano de la barca que hiciese un gran agujero en ella para que, yéndose a pique, se hallasen más forzados a saltar apresuradamente en el bajel. Hiciéronlo no teniendo cada uno más armas que una pistola y la espada en mano, con que entraron corriendo, inmediatamente, a la cámara de popa donde hallaron en ella al capitán con otros amigos jugando a los cientos. Pusiéronle una pistola al pecho y pidieron les rindiese el navío a su obediencia. Como los españoles vieron dentro los piratas sin haberlos antes visto venir, creían eran fantasmas y decían: Jesús, ¿son demonios estos? Entretanto otros se apoderaron de la cámara de santa bárbara haciéndose en primer lugar, señores de todas las armas y municiones que en ella había, matando a cuantos se les oponían; con que, finalmente, los españoles se rindieron. Habían, este mismo día, advertido al capitán del navío, que la barca que cruzaba era de piratas, de lo cual, no haciendo caso, burlándose decía: ¿Debo yo tener temor de una cosa de tan poco momento? Ni aunque fuera de otra nave tan grande y fuerte como en la que estoy. Tomado que hubo Pedro el Grande esta poderosa presa, detuvo en su servicio tantos cuantos había menester y puso el resto en tierra; con que al punto dio a la vela poniendo la proa, con toda la riqueza que halló dentro, hacia el reino de Francia, donde se quedó sin jamás volver a la América.

Los plantadores y cazadores de la Tortuga, habiendo oído una tan favorable fortuna y rica presa que aquellos piratas obtuvieron, dejaron sus funciones y ordinarios ejercicios. Muchos de ellos buscaron medios para hacer o comprar algunos navichuelos con que piratear; los cuales no pudiéndolos hallar fácilmente ni hacer, se resolvieron a salir con sus canoas, y con ellas se fueron costeando el cabo de Alvarez, donde los españoles trafican de una ciudad a otra con barcas, llevando pieles, tabaco, y otras mercadurías a La Habana, que es la ciudad metrópoli de aquel país, a la cual los españoles de la Europa van muy de ordinario.

Fue allí donde estos nuevos piratas tomaron muchas barcas cargadas que llevaban a Tortuga, y vendían todo a los que por este fin esperan en su puerto con sus navíos. Compraron con las ganancias muchas preparaciones necesarias para emprender otros viajes, que hicieron hacia la playa de Campeche, y otros a las partes de Nueva España, en cuyos sitios, por entonces, los españoles comerciaban con frecuencia. Hallaban en estos pasos cantidades de embarcaciones comerciantes, y muchos navíos de alto bordo, de los cuales tomaron dos de los mayores en menos de un mes que barloventearon, teniéndolos los españoles preparados en el puerto de Campeche para ir a Caracas cargados de plata. Llegando con ellos a Tortuga, y admirándose todos los de aquella isla de tales progresos, y que en menos de dos años enriquecían su tierra, se aumentó tanto el número de piratas, que se hallaban ya en aquella corta tierra y puerto, más de veinte navíos de tales gentes; con lo cual los españoles se vieron obligados a armar dos grandísimas fragatas de guerra, para la defensa de sus costas y cruzar sobre los enemigos.

Segunda parte. Que contiene los orígenes de los más famosos piratas, Francisco Lolonois y Juan Morgan, como también de sus principales piraterías y latrocinios, que han cometido en América contra la nación española. Relatándose las vidas y acciones de otros que han estado en aquellas partes con la misma calidad

Capítulo I. Origen de Francisco Lolonois y principio de sus insultos

Francisco Lolonois, natural del territorio llamado Les Sables de Olone o Arenas de Olona, en el reino de Francia, fue en su juventud transportado a las islas Caribes en calidad de esclavo (según las costumbres de Francia, de que ya hablé en la primera parte), el cual, habiendo acabado el término de su esclavitud, vino a la isla Española, donde se metió entre los cazadores por algún tiempo antes que se diese a las piraterías contra los españoles, de que al presente hará relación hasta su desastrada muerte.

Hizo dos o tres viajes en calidad de marinero, en las cuales se mostró valiente en sus hechos, con que avanzó en la buena gracia del gobernador de Tortuga, llamado Monsieur de la Place; de tal suerte que le dio un navío haciéndole capitán de él para que fuese a buscar su fortuna. Favorecióle su suerte en poco tiempo, pues en él adquirió mucha riqueza usando de tales crueldades con los españoles, que ellas hicieron correr su opinión por todas las Indias; por cuya razón, cuando los españoles se hallaban en la mar, peleaban hasta morir, estando cierto que rindiéndose no les concedería cuartel pequeño ni grande. Después que la fortuna le fue largo tiempo propicia le volvió las espaldas, sucediendo que una grande borrasca le hizo perder el navío en las costas de Campeche. Saltaron todos en tierra, donde los españoles, percibiéndoles, mataron la mayor parte y al capitán hirieron. No sabiendo por dónde podría escaparse forjó cierto engaño muy sutilmente; y fue que cogiendo algunos puñados de arena los mezcló con sangre de las heridas y se refregó la cara y otras partes de su cuerpo, metiéndose con destreza entre los muertos, hasta que los españoles hubieron partido de aquel lugar.

Retiróse después a los bosques, donde ligó sus llagas lo mejor que pudo, de las cuales hallándose mejor, se fue hacia la ciudad de Campeche disfrazado totalmente en vestidos españoles; habló allí con algunos esclavos, a los cuales prometió de hacer francos en caso que quisiesen obedecer y fiarse en él. Aceptaron sus promesas y robando de noche una canoa de uno de sus amos, se fueron a la mar con el pirata. Los españoles tenían entretanto algunos de sus camaradas en prisión y preguntaron: ¿Dónde está vuestro capitán? A lo que respondieron Era muerto; con cuya nueva los españoles hicieron muchos festejos entre sí, encendiendo luminarias y no constándoles lo contrario, dieron gracias a Dios por haberlos liberado de un tan maldito pirata. Entretanto Lolonois se dio prisa con los esclavos para escapar y vinieron a Tortuga, que es la plaza del refugio de toda suerte de maldades y seminario de tal especie de ladrones. Aunque allí estaba en mala fortuna, no dejó de buscar otro navío que, sutilmente y con engaños, obtuvo con veintiún personas, que bien proveídos de armas y demás cosas necesarias, se fue hacia la isla de Cuba, de la parte septentrional, donde hay una pequeña villa que llama de los Cayos, en la cual se hace grande negocio en tabaco, azúcar y pieles; eso todo con barcas, no pudiéndose servir los moradores de navíos por la poca profundidad de aquella mar.

Bien creía Lolonois coger allí algo, mas por dicha de algunos pescadores que le vieron y con ayuda de Dios, se escaparon de sus tiránicas manos, fueron por tierra a La Habana y se lamentaron al gobernador diciendo que el pirata Lolonois había llegado con dos canoas para arruinarlos. Lo cual oído por el gobernador, le era duro el creerlo, pues le habían escrito de Campeche era muerto. No obstante, por las instancias y ruegos de los impetrantes, envió un navío con diez piezas de artillería y noventa personas bien armadas con orden expresa de no volver sin haber aniquilado a dichos piratas; para cuyo efecto les dio un negro, que sirviese de verdugo, que ahorcase cuantos cogieran de dichos corsarios, excepto el capitán Lolonois, que llevarían vivo a La Habana. Llegó este navío a la villa de los Cayos, de lo cual los piratas estaban ya advertidos, y en lugar de huirse, le buscaron en la ribera Estera, donde estaba ancorado. Forzaron los piratas a algunos pescadores de noche para que les mostrasen la entrada del puerto con esperanza de obtener bien presto un mayor bajel que sus dos canoas, y con él hacer mejor fortuna. Vinieron después de las dos horas de la noche cerca del navío de guerra y la centinela dijo: ¿De dónde vienen? y si no habían visto piratas. Hicieron responder a un prisionero que no habían visto piratas ni otra cosa alguna, lo cual los hizo creer se habían retirado sabiendo su llegada.

Experimentaron bien presto lo contrario, porque al alba los piratas comenzaron a combatirlos con sus dos canoas de una y otra parte con tal ímpetu que, aunque los españoles hicieron su deber defendiéndose cuanto pudieron y tirándoles también algunas piezas de artillería, los rindieron con la espada en la mano, obligándolos a huir a las partes inferiores del navío. Lolonois los mandó venir uno a uno arriba y los iba así haciendo cortar la cabeza. Habiendo de este modo muerto una parte, salió el negro (graduado de verdugo por el gobernador de Habana) gritando y rogando que no lo matasen, que él era el capitán de aquel navío y le diría francamente a Lolonois cuanto gustase; hízole confesar cuanto quiso, mas por eso no dejó de [continuar de] matarle con el resto, a la reserva de uno que sirvió de correo al gobernador de la parte de Lolonois a quien escribió las siguientes razones: No daré jamás algún cuartel a español; tengo firme esperanza de ejecutar en vuestra persona lo mismo que en los que aquí enviasteis con el navío, con el cual os figurabais hacerlo conmigo, y mis compañeros. Turbóse el gobernador oyendo tan tristes, cuanto insolentes nuevas, jurando no acordaría la vida a ningún pirata que cayese entre sus manos; pero los ciudadanos le rogaron, de no querer proponer tanto rigor, pues los piratas podían hacer lo mismo, teniendo cien veces más la ocasión que él; y que siéndoles necesario ganar la vida a la pesca, estarían siempre era peligro de perderla. Con estas razones se templó un poco la cólera del gobernador y no pasó adelante con su juramentada proposición.

Tenía ya Lolonois un buen navío, mas muy pocas vituallas y gente dentro por lo cual buscó lo uno y lo otro, y se fue a sus acostumbrados caminos, cruzando de una a otra parte. Viendo que barloventeando no podía hacer nada, determinó ir al puerto de Maracaibo, donde tomó un navío con mucha plata y mercadurías que tenía dentro, el cual iba a comprar cacao; viniéndose con estas presas a Tortuga con grande alborozo, no siendo menor el de sus habitantes por el feliz suceso de Lolonois y sus particulares intereses. No quedó largo tiempo allí, pues armando una flota (siéndole necesaria una fuerza de quinientos hombres), resolvió de ir a las tierras españolas para saquear las ciudades, villas y lugares, y finalmente tomar Maracaibo, teniendo consigo gente muy resuelta y propia a estas empresas; principalmente estando en su servicio prisioneros que sabían exactamente todos los caminos y lugares para sus designios.

Capítulo II. Lolonois arma una flota para echar gente en tierra en las islas españolas de la América, con intento de saquearlas, abrasarlas y despojarlas de todo bien

Hizo advertir Lolonois su designio a todos los piratas que por entonces estaban en la mar; con que en poco tiempo tuvo más de cuatrocientos hombres. Además de esto había otro pirata en la isla de Tortuga, llamado Miguel de Basco, que había hecho grande fortuna, bastante para reposarse y no salir más a la mar para este fin. Tenía el cargo de mayor en la isla, pero viendo las grandes preparaciones que Lolonois hacía, trabó con él estrecha amistad, ofreciéndole que, si quería constituirle su capitán de tierra (pues la conocía muy bien, y su constitución), iría con él. Fueron de acuerdo ambos con mucho regocijo de Lolonois, sabiendo que Basco había hecho también grandes acciones en la Europa y que era grande soldado. Diole el propuesto cargo y toda su gente, que embarcaron con ocho navíos, siendo el de Lolonois el más grande, armado de diez piezas de artillería.

Estando todos bien preparados, dieron a la vela y partieron juntos a la fin de abril, con numerosa gente, siendo en todos 1660 hombres, encaminándose hacia la parte llamada Bayala, situada de la parte del norte de la isla Española, donde tomaron aún una partida de cazadores que voluntariamente se fueron con ellos; proveyéronse allí de toda suerte de víveres necesarios.

El último de julio siguiente se pusieron a la vela, dirigiendo su curso hacia el cabo oriental de la isla llamada Punta de Espada, donde inmediatamente vieron un navío que venía de Puerto Rico destinado para la Nueva España, estando cargado con cacao. El almirante Lolonois ordenó a los otros navíos de aguardarle cerca de la isla Savona, que está al lado del oriente de la isla de Punta de Espada, y que él solo iría a tomar dicho navío, el cual, después de dos horas de la vista, no quiso huir y se aprestó a la defensa, estando bien armado y proveído de todo lo necesario; pusiéronse en combate, que duró tres horas, que pasadas se rindió a Lolonois. Era un navío montado de dieciséis piezas de artillería, con cincuenta personas de defensa o guarnición; hallaron dentro ciento veinte libras de cacao, 40.000 reales de a ocho en moneda y el valor de 10.000 pesos en joyas. Envióle Lolonois a Tortuga para descargarle con orden de volver, a dicho navío, tan presto como fuera descargado en la isla Savona donde le aguardaban, pero la flota, habiendo llegado a dicha isla, halló otro navío que venía de Cumaná con municiones de guerra para la isla de Santo Domingo y dinero para pagar los soldados de dicha isla, al cual tomaron sin alguna resistencia y siendo fuerte de ocho piezas de artillería y teniendo dentro siete mil libras de pólvora, cantidad de mosquetes y cosas de este género, así como, también, 12.000 reales de a ocho en moneda.

Dio todo esto coraje a los piratas, pareciéndoles un buen principio en sus negocios y hallando su flota reforzada en tan poco tiempo. Habiendo llegado este segundo navío a Tortuga, el gobernador lo hizo descargar y despachar al punto con frescos víveres y otras cosas para Lolonois, que le eligió al instante por suyo y dio el que tenía a su camarada Antonio du Puis o del Pozo, y habiendo obtenido nuevos resultas de gente, en lugar de los que perdió en las tomas dichas y de enfermedades, se halló en buen estado para proseguir su fortuna. Hallando toda su gente llenos de coraje, dieron a la vela para Maracaibo, siendo situado su puerto en la tierra de Nueva Venezuela, en la altura de 12 grados y algunos minutos, latitud septentrional. Es larga esta isla de 20 leguas y 12 de ancho. De este dicho puerto son las islas de Oneba y Monges. El lado oriental se llama cabo de San Román; el del occidente se llama cabo de Caquibacoa; el golfo algunos le llaman de Venezuela, mas los piratas le intitulan bahía de Maracaibo.

Al principio de este golfo hay dos islas que se extienden la mayor parte del oriente al occidente; la de oriente se llama isla de la Virgilia, porque en medio de ella se ve una alta colina, encima de la cual está una casa donde vive una centinela perpetuamente; la otra tiene por nombre isla de Palomas. Entre estas dos islas se halla una mar o lago de agua dulce, larga de 60 leguas y ancha de 30, el cual tiene su salida a la mar; expláyase alrededor de estas dos islas entre las cuales se halla la mejor seguridad para pasar los navíos no siendo más ancho este canal que un tiro de artillería de a ocho libras; poco más o menos. Hay un castillo sobre la isla de las Palomas para impedir la entrada, siéndoles a todos los navíos que quieren entrar forzoso de pasar junto a él, estando dos bancos de arena de la otra parte, que no tienen sobre sí más que catorce pies de agua. Hállanse otros bancos dentro de este lago, como el Tablazo, que no tiene más profundidad que diez pies, pero está ya 40 leguas adentro; hay otros que no tienen más que seis, siete y ocho brazadas, todos los cuales son bien peligrosos particularmente a los poco versados. En el lado occidental está situada la ciudad de Maracaibo, la cual es muy agradable, por estar sus casas fabricadas a lo largo de la ribera, teniendo las vistas muy deliciosas, todo alrededor. Contiene tres o cuatro mil personas que componen una razonable población; contando en este número los esclavos, calcúlanse, de entre ellos, ochocientos hombres capaces de tomar las armas, que son todos españoles. Hay una iglesia parroquial de muy buena estructura y adorno; cuatro conventos y un hospital. Gobiérnase por un vicegobernador que sustituye al de Caracas. El negocio o trato que allí se hace consiste, por la mayor parte, en pieles y tabaco. Tienen los habitantes grande cantidad de ganados y plantíos que se dilatan en distrito de 30 leguas contándose, por una parte, desde la dicha villa hasta el grande y populoso lugar de Gibraltar, en el cual se recoge abundancia de cacao y multitud de toda suerte de frutos campesinos para regalo y entretenimiento de los de Maracaibo, cuyos territorios son un poco más secos; de ellos sacan carnes para los de Gibraltar, que envían, cuando éstos llevan cargas de limones, naranjas y otros frutos, a aquéllos, siendo los de dicha aldea miserables en carnes, pues no pueden apacentar en sus campos vacas ni carneros.

Delante de Maracaibo hay un espacioso y asegurado puerto, sobre el cual se pueden fabricar toda suerte de embarcaciones, teniendo la comodidad de madera, que pueden conducir a poco gasto. Cerca de la villa está una isleta llamada Borrica, que sirve para apacentar grande cantidad de cabras, las cuales aprovechan más a los de Maracaibo por las pieles que sacan de ellas, que por sus carnes y leche, de que no hacen mucho caso si no es cuando son tiernos cabritos. Hay a los contornos de la villa algunos carneros, pero muy pequeños. En algunas islas de este lago y en otras partes viven muchos indios salvajes, que los españoles llaman Bravos, los cuales no pueden acordarse con la generosa nación española a causa de su brutal e indómita naturaleza. Estos indios, por la mayor parte, viven hacia el lado de occidente de la mar, en pequeñuelas casas fabricadas sobre los árboles que crecen dentro del agua, siendo la causa de eso procurarse libertarse de la innumerable cantidad de mosquitos que hay en aquellas partes, que los atormentan con la prolijidad. Hay también, en el oriente de aquel lago, lugares enteros de pescadores, que son obligados como los indios a vivir en casillas semejantes a las precedentes por la misma razón y por las inundaciones ordinarias de las aguas; pues sucede que habiendo llovido se cubre la tierra 2 o 3 leguas, por causa que a este lago salen veinticinco caudalosos ríos, de suerte que el lugar de Gibraltar muchas veces es tan cubierto de aguas, que los labradores forzosamente dejan sus casas y se retiran a sus plantíos.

Gibraltar está situado del lado del agua 40 leguas dentro de dicho lago, el cual recibe los víveres necesarios, como está dicho, de Maracaibo. Habítanle mil quinientas personas en todo, y de ellas hay cuatrocientos hombres de defensa; la mayor parte tienen tiendas donde ejercen algún oficio mecánico. Todos los circuitos de este lugar están proveídos de plantíos de cacao y azúcar; muchos árboles muy vistosos y lozanos, de cuya madera se pueden fabricar casas, como también navíos. Hallan entre ellos cedros gruesos de siete brazadas, que sirven muy de ordinario allí para la fábrica de navíos que hacen con la disposición de una grande vela, a los cuales llaman piraguas. Muchas riberas y arroyos corren por estos términos, que les son muy útiles en tiempo de sequedad, abriendo algunos canales que tienen hechos a su disposición, para regar sus campos y plantíos. Siémbrase también cantidad de buen tabaco, de que se hace grande estima en la Europa y, por ser tan bueno, le llaman allí Tabaco de sacerdotes. Tiene cerca de 20 leguas de jurisdicción, que termina y es reparada de altas montañas, las cuales están siempre cubiertas de nieve. A la otra parte de estos riscos está situada una grande ciudad llamada Mérida, debajo de la cual Gibraltar está sujeta. La mercaduría se lleva en mulos de este lugar a la dicha ciudad, y eso no más que una vez al año, a causa del grande frío que deben sufrir, pasando dichas montañas; los retornos son de la Flor que traen hacia el Perú, por la vía de Estaffe.

He hallado a propósito hacer esta pequeña descripción de la dicha mar de Maracaibo y de su constitución, a fin que el lector pueda mejor comprender lo que sucedió, cuya relación comenzaré al presente.

Luego que llegó Lolonois al golfo de Venezuela, dio fondo fuera de la vista de Vigilia. El día siguiente muy de mañana partieron para la mar llamada el lago de Maracaibo con todos sus navíos, donde ancoraron otra vez, y condujo toda su gente a tierra para asaltar la fortaleza llamada de la Barra, que consiste en algunos grandes cestos de tierra puestos en una eminencia, en donde plantaron dieciséis piezas de artillería apoyadas alrededor de otros montones de tierra para encubrirse dentro. Los piratas, estando una legua de esta fortaleza, avanzaron poco a poco, pero el gobernador había puesto algunos españoles en emboscada, para servirse de retaguardia y cogerlos mejor al improviso por las espaldas, cuando caerían sobre ellos delante, cuyo designio los piratas conocieron y estaban sobre aviso, con que la dicha emboscada fue combatida de suerte que no pudo retirarse persona alguna al castillo; entretanto el pirata, continuando aprisa, avanzó con sus compañeros valerosamente y después de un combate de cerca de tres horas se hicieron señores y triunfaron, y esto sin más armas que puñales y espadas. Mientras el combate, los que se habían escapado de la retaguardia, no pudiéndose meter en su castillo, se fueron a la villa de Maracaibo, llenos todos de confusión, diciendo: Los piratas vendrán aquí con dos mil combatientes. Esta villa, habiendo sido cogida otra vez por semejantes gentes y saqueada hasta lo más escondido, tenía aún fresca la memoria, y los habitantes se salvaron como pudieron hacia Gibraltar, con sus barcas o canoas, llevándose consigo todos los muebles y dinero que pudieron; llegando a Gibraltar, advirtieron que la fortaleza estaba cogida, y que nadie había podido conservar nada, ni salvarse de la furia de los piratas.

Levantaron y enarbolaron su estandarte los piratas, para hacer signo a sus navíos de que eran victoriosos y que entrasen más adentro sin recelos de algún daño. Emplearon el resto de esta jornada en derribar y arruinar el dicho castillo. Clavaron la artillería, quemaron todo lo que pudieron e hicieron enterrar los muertos, llevando a bordo los que estaban heridos. El día siguiente por la mañana levantaron áncoras poniendo la proa, toda la flota, hacia la villa de Maracaibo, distante de allí 6 leguas, poco más o menos, pero no haciendo mucho viento ese mismo día, no avanzaron casi nada, debiendo aguardar el reflujo del agua. Llegaron el día siguiente muy de mañana a la vista de la villa, donde pusieron todo lo necesario en orden a fin de saltar en tierra, debajo del favor de su artillería, creyendo que los españoles tendrían alguna retaguardia entre los pequeños árboles y hierbas altas. Hicieron descender gente en sus canoas, las cuales tenían consigo, y las condujeron a tierra; entretanto tiraron furiosamente con su artillería. Saltó solamente la mitad de la gente en tierra y la otra mitad quedaron en dichas canoas; cañonearon espesísimamente hacia los bosques de la ribera, mas no les respondió persona, con que llegaron a la villa, cuyos moradores se habían retirado con sus mujeres, hijos y familias, dejando sus casas bien proveídas de víveres de toda suerte, como: de la flor, ganado de cerda, pan, aguardiente, vino y abundancia de gallinas, de todo lo cual los piratas hicieron largos banquetes, pues en cuatro semanas no habían tenido ocasión de llenar sus vientres con tanta abundancia.

Tomaron posesión de las mejores casas de la villa y formaron por toda ella centinelas, sirviéndoles la grande iglesia de cuerpo de guardia. El día siguiente enviaron una tropa de ciento cincuenta personas para descubrir algunos de los moradores de la villa, los cuales volviéndose a retirar por la noche primera, trajeron consigo 20.000 reales de a ocho y algunos mulos cargados de muebles y mercadurías, junto con veinte prisioneros, tanto hombres como mujeres e hijos. Pusieron algunos de estos prisioneros en tormento para que descubriesen el resto de bienes que habían transportado, mas no quisieron confesar cosa alguna. Lolonois (que no hacía gran caso de la muerte de una docena de españoles) tomó su alfange y cortó en muchas piezas a uno, en presencia de todos los otros, diciendo: Si no queréis confesar y mostrar dónde están cubiertos y escondidos todos los bienes, haré lo mismo con el resto. De suerte que, entre tan horrendas y funestas amenazas, hubo uno entre los míseros prisioneros que le prometió de conducirle y mostrarle el lugar o escondijos donde estaban todos los demás de su gente; pero los que se habían huido, viendo u oyendo que había quien los hubiese descubierto, mudaron de lugar y cubrieron todo el bien que pudieron en tierra, tan ingeniosamente que los piratas no lo podían hallar sino es que alguno de entre ellos lo manifestase; porque los españoles huyéndose de término en término cada día, mudando de bosques, se tenían por sospechosos los unos a los otros, de suerte, que el padre mismo no se fiaba de su hijo.

Finalmente, después que los piratas hubieran estado quince días en Maracaibo, resolvieron de ir hacia Gibraltar; pero estando ya preadvertidos del designio de dichos piratas y, también, que tenían después intención de ir a Mérida, avisaron al gobernador (que era bravo soldado, por haber servido al rey en los países de Flandes en cargos militares) respondió: No les diese cuidado alguno, que él tenía esperanza de exterminar bien presto tales piratas. Sobre lo cual se vino inmediatamente a Gibraltar con cuatrocientos hombres bien armados, disponiendo al mismo tiempo que los vecinos de esta aldea se pusiesen en armas, donde en todos y los que con él venían, armó ochocientos combatidores. Dispuso con mucha priesa se hiciese una batería hacia la ribera, en la cual plantó veinte piezas de artillería, encubriéndolas todas con cestos de tierra; puso aún otra batería de ocho piezas en otra parte e hizo cortar un camino, que forzosamente los piratas debían pasar, mandando componer otro entre los lodazales de un bosque, el cual era del todo incógnito a los piratas.

No sabiendo los pretensores huéspedes nada de estas preparaciones (después de haber embarcado todos sus prisioneros y lo robado) se encaminaron hacia Gibraltar, los cuales habiendo llegado a la vista descubrieron el estandarte real enarbolado y conocieron tenían los de Gibraltar ánimo de pelear. Viendo esto Lolonois juntó consejo para deliberar qué haría en tal caso, proponiendo a sus oficiales y marineros que el bocado que debían morder era muy rudo, pues que los españoles habían tenido tanto tiempo para ponerse en defensa y recogido mucha gente con otros pertrechos de guerra; pero díjoles: No obstante (dándoles ánimo) tened coraje; a nosotros nos importa el defendernos como bravos soldados o perder la vida con todas nuestras ricas presas. Haced como yo haré, que soy vuestro capitán. Otras veces hemos peleado con menos gente que ahora somos y hemos vencido mayor número que aquí puede haber. Mientras más sean, más gloria atribuiremos a nuestra fortuna y mayor riqueza aumentaremos a nuestro poder. (Suponían los piratas que todo cuanto los de Maracaibo tenían escondido lo habrían transportado a Gibraltar o, por lo menos, la mayor parte.) Sobre este razonamiento cada uno prometió de seguirle y obedecer en todo; a que dijo Lolonois: Está bien; pero sabed, que el primero que mostrare temor o escrúpulo, le daré un pistoletazo.

Sobre esta resolución echaron las áncoras al agua un cuarto de legua del lugar, cerca de la ribera. El día siguiente, antes que el Sol saliese, estaban ya todos en tierra, siendo trescientos ochenta hombres proveídos y armados cada uno con un alfange y una o dos pistolas, bastante pólvora y balas para tirar treinta veces; con que después de haberse dado la mano el uno al otro en señal de coraje, comenzaron a caminar, usando Lolonois de estas palabras: Vamos, mis hermanos, seguidme y no seáis cobardes. Siguieron su camino con una guía, pero creyendo los conducía bien, fue a dar con ellos al camino que dijimos hizo el gobernador cortar; de suerte que persona no pudo pasar, y vinieron al otro que había sido hecho en el bosque, entre el lodo, al cual los españoles podían disparar a su gusto. No obstante, los piratas estando aún llenos de coraje, cortaron multitud de ramas y las echaron en el lodo sobre el dicho camino, para no sumirse como se sumían. Entretanto los de Gibraltar disparaban muchos cañonazos, tan furiosamente y tan continuados, que apenas podían verse ni entenderse los unos a los otros, a causa del estruendo y humareda. Habiendo pasado el bosque, llegaron a tierra fuerte, donde vieron seis piezas de artillería asentadas, que inmediatamente dispararon los de dentro; consistiendo su carga en multitud de balas de mosquete y pedazos de hierro. Después los españoles dieron un asalto sobre los piratas, que los hicieron retirar; de tal manera, que pocos se atrevieron a llegar a su fortaleza. Continuaron aún en tirar sobre los piratas, que tenían ya muchos muertos y heridos y buscaban otro camino en la mitad del bosque; pero los españoles habiendo hecho cortar grandes árboles para impedir los pasos, se vieron forzados de volver a seguir el que dejaron, aunque los otros continuaban siempre en disparar, no queriendo ya salir de sus lugares para hacer más ataques contra los piratas, los cuales no pudiendo trepar por los cestos de tierra, usaron de una sutileza con que los engañaron.

Lolonois se retiró súbitamente con su gente, haciendo figura de quererse huir, sobre lo cual los españoles dieron tras ellos, que era lo que los piratas buscaban, se volvieron con la espada en mano y mataron más de doscientos hombres, y saltando sobre ellos, atravesando entre los que habían quedado vivos, se señorearon de la fortaleza echando los españoles que habían quedado fuera, los cuales se huyeron a los bosques en parte, y la parte que estaba en el otro fortín de las ocho piezas, se rindieron debajo de condiciones de cuartel. Abatieron inmediatamente los piratas todos los estandartes españoles, haciendo al mismo tiempo prisioneros a cuantos hallaban, llevándolos a la iglesia grande, donde condujeron cantidad de piezas de artillería, con que asestaron una batería para defenderse, teniendo temor que los españoles convocarían otra gente de los suyos para exterminarlos; pero el día siguiente estaban bien fortificados y todos sus temores para enterrarlos, hallando en número más de 500 españoles solamente, además de los heridos y los que, de ellos, se habían refugiado en los bosques, que después murieron allá de sus heridas. Fuera de todos éstos tenían los piratas más de ciento cincuenta prisioneros y cerca de quinientos esclavos, mujeres y niños.

Hallaron los piratas cuarenta de los suyos muertos y casi tantos heridos, de que la mayor parte murieron por la constitución del aire, que los causó calenturas y otros accidentes. Hicieron poner todos los muertos españoles en dos barcas, y llevándolos un cuarto de legua dentro de la mar, las hicieron ir a pique. Acabadas estas cosas, recogieron toda la plata, muebles y mercadurías que robaron; mas los españoles que tenían aún algún poco de bien, lo escondieron. Poco después, los piratas, no contentos de tantas riquezas, comenzaron de nuevo a llevar más muebles y mercadurías, sin eximir a los que vivían en los contornos, como cazadores y plantadores. No habían estado aún dieciocho días, cuando en ese tiempo la mayor parte de los prisioneros, que tenían muertos de hambre no hallándose en el lugar sino muy pocas vituallas de carnes, si bien tenían alguna flor que no les bastaba, y los piratas la recogieron para hacer pan para ellos mismos; el ganado de cerda, vacas, carneros y gallinas que se hallaron, recogieron también para su mantenimiento solamente, sin que hiciesen participantes a los miserables que tenían presos, a quienes proveyeron un poco de carne de mulas y borricas, que hicieron matar con ese fin, y los que no querían comer de esto debían morir de hambre, que amaron más no estando sus estómagos acostumbrados a carnes tan aborrecibles; excepto a algunas mujeres que los piratas regalaban para tomar con ellas los divertimentos sensuales a que están muy de ordinario hechos; había entre ellas algunas forzadas y otras voluntarias, y casi todas entregadas a ese sucio vicio más por hambre que por lascivia. De los prisioneros muchos fueron muertos en tormentos que les dieron para hacerles confesar dónde tenían el dinero o joyas, unos porque no tenían ni sabían y otros porque negaban, pasaron tan atroces crueldades.

Finalmente, después de haber dominado cuatro semanas, enviaron cuatro españoles de los prisioneros que habían quedado a los otros, que estaban en los bosques demandándolos exacción de quema; pidiendo, por no poner fuego al lugar, 10.000 reales de a ocho, a falta de que abrasarían y reducirían en cenizas todo el dicho lugar; dábanles dos días de tiempo para traer dicha suma, y no habiendo [los escondidos] podido juntar tan puntualmente, comenzaron a poner fuego en muchas partes de la aldea. Viendo los españoles que no se burlaban los piratas, les suplicaron de ayudar a apagar el fuego, y que la dicha suma les sería puntualmente contada. Los piratas lo hicieron, ayudando cuanto les fue posible a atajarle con la compañía de habitantes que se juntó; pero, por más que trabajaron, no pudieron evitar la ruina de una parte, particularmente de la iglesia del convento, que del todo se redujo en polvo hasta los cimientos. Después de haber recibido el dinero referido llevaron todo lo que robaron a bordo junto con un grande número de esclavos, que no habían pagado su porción o rescate (todos los prisioneros estaban tasados, y los esclavos debían ser rescatados). Se fueron hacia Maracaibo donde, habiendo llegado, vieron una grande consternación en aquel pueblo, al cual enviaron tres o cuatro prisioneros para decir al gobernador y a los habitantes, que les trajesen 30.000 reales de a ocho al navío por el rescate de su villa, so pena de enteramente ser saqueada y abrasada.

Entre estos dares y tomares, un partido de piratas salió a robar y tomaron las imágenes, los cuadros y campanas de la iglesia, y las llevaron a bordo de sus navíos. Los españoles que habían salido a demandar a los otros que se habían huido la suma dicha, volvieron con orden de hacer algún acuerdo con los piratas, lo que hicieron; y convinieron por su rescate y libertad, darían 20.000 reales de a ocho y quinientas vacas, a condición que los piratas no harían más alguna hostilidad a persona alguna, sino que partirían de allí tan presto como hubiesen recibido el dinero y ganado. Estando pagado todo, partieron con su flota, lo cual causó grande alegría en los de Maracaibo, por verse libres de tal gente. Púsoles en gran temor y admiración ver, que tres días después de la salida de los piratas, ellos mismos volvieron a aparecerse otra vez en el puerto de donde habían partido, no sabiendo qué querría significar, pero bien presto salieron de la duda, cuando oyeron al enviado pirata, que les dijo, de parte de Lolonois le enviasen un buen piloto para conducir uno de sus mayores navíos fuera del peligroso banco que está a la entrada del lago, lo cual se fue al punto acordado.

Había dos meses que los piratas eran llegados a aquellos puertos, en los cuales hicieron las maldades e infamias referidas de donde, saliendo, se encaminaron hacia la isla Española, y llegaron en ocho días, ancorando en un puerto llamado isla de la Vaca, sobre el cual viven algunos bucaniers franceses, que de ordinario venden las carnes que cazan a los piratas y a otros, que algunas veces llegan allí por ese mismo fin y comercio. Al dicho lugar llevaron y descargaron todo lo que habían hurtado (siendo su acostumbrado almacén el abrigo de aquellos bucaniers) y repartieron entre todos ellos las presas, por el orden que a cada uno le pertenecía. Después de haber hecho la cuenta y cálculo de todo lo que tenían entre manos, hallaron en dinero de contado 260.000 reales de a ocho; con que repartido esto, recibió cada uno, también, de piezas de seda, lienzo y otras cosas, por el valor de más de 100 reales de a ocho; las personas heridas recibieron su parte primero que todos (esto es, las recompensas de que ya hablábamos en la primera parte) y quedaron con dineros; pero muchos mutilados de algunos de sus miembros. Pesaron después toda la plata labrada, contando a 10 reales de a ocho la libra; las joyas se tasaron con muchas diferencias, causadas de su poco conocimiento. Habiendo hecho cada uno juramento de no tener en cargo al común, cosa alguna que subrepticiamente hubiese guardado, pasaron al reparto de lo que tocaba a los que eran muertos, de entre ellos, en ocasión de batalla o de otra suerte; cuyas porciones se dieron por entero a guardar a sus amigos, para que en su tiempo lo entregasen a los parientes, que legítimamente les pertenecía ser herederos.

Acabado de concluir lo sobredicho se pusieron a la vela para la isla de Tortuga, donde llegaron un mes después con grandísima alegría de los más, porque el resto en tres semanas no tenían ya dinero, habiéndolo perdido en cosas de poco momento y al juego de naipes y dados. Habían llegado poco antes dos navíos franceses cargados de vino, aguardiente y cosas de ese género, con que estos licores corrían a bajo precio; pero no duró mucho tiempo porque en pocos días subió a 4 reales de a ocho la medida de dos azumbres de aguardiente. El gobernador compró el navío de los piratas, que llevaban cargado de cacao, dando por todo la veintena parte de lo que valía, de suerte que sus riquezas las habían perdido en menos tiempo que las adquirieron, robándolas. Los taberneros y las meretrices tenían la mayor parte, de tal modo, que ya se veían obligados a buscar otras por los mismos estilos que las precedentes.

Capítulo III. De una nueva armazón que hizo Lolonois para ir a tomar la ciudad de Santiago de León, como también a Nicaragua, donde murió miserablemente

Lolonois (por su último viaje) se había ganado grandísima opinión en Tortuga, por razón que les dio grandes provechos apropiándose él lo que se suele decir: Ayer maravilla fui, hoy sombra aún suya no soy; siendo un día rico y ciento pobre. No se daba grande fatiga para juntar, pues le venían a rogar más que quería y había menester, teniendo cada uno tal confianza en él y en su dirección, para hallar su fortuna, que les parecían seguridades exponerse con él a los mayores riesgos y peligros del mundo. Tomó, pues, resolución con sus oficiales para ir hacia la mar de Nicaragua y saquear cuantas poblaciones pudiese, pero antes de proseguir esta historia por satisfacción del lector, haré una pequeña descripción de esta dicha mar y sus costas, a fin que mejor se pueda entender lo que después contaré en la tercera parte, donde hallaréis la toma de Panamá y la descripción de Costa Rica, con láminas en talla dulce.

Según lo que publicó Lolonois, juntó toda su gente, que fueron en todos cerca de setecientos hombres, e hizo armar el navío que tomó en Maracaibo, sobre el cual puso trescientas personas, y el resto en otras embarcaciones más pequeñas, que eran cinco de manera que en todos eran seis navíos; asignó su primer alto en la isla Española, en un lugar llamado Baiahá, donde determinaron tomar todas sus provisiones. Hecho esto se hicieron a la vela, encaminándose hacia una plaza, que se nombra Matamaná, que está al lado del mediodía de la isla de Cuba. Sus intenciones eran de tomar todas las canoas que pudiesen encontrar, porque en estas costas viven muchos pescadores de tortugas, que las llevan de allí a La Habana. Tomaron los piratas tantas de dichas canoas (a pesar de aquellas pobres gentes) cuantas hubieron menester para sus empresas, porque necesitaban de aquellas pequeñas embarcaciones, a causa que el puerto donde tenían designio de ir, no es bastantemente profundo para entrar con sus navíos. Siguieron después su curso hacia el cabo de Gracias a Dios, situado en tierra firme, en la altura de 15 grados, latitud septentrional, 100 leguas de la isla de los Pinos; pero estando en mar les sobrevino una pesante calma, con que la sola agitación de las olas los llevó al golfo de Honduras, donde trabajaron mucho para volver a subir de la profundidad en que estaban, pero las aguas y los vientos contrarios les rendían sus trabajos inútiles; además que el navío en que Lolonois estaba no podía seguir los otros y, lo que peor era, les faltaban ya las vituallas; con que fueron obligados a irse a la primera plaza que pudieron hallar, entrándose por una ribera con sus canoas, la cual es llamada agua, y la poseen indios, a quienes robaron totalmente, hallando entre sus bienes cantidad de maíz, mucho ganado de cerda y gallinas. No contentos aún de esto, determinaron de quedar allí mientras pasaba el mal tiempo y, entretanto, saquear todas las villas y lugares que están en la costa del golfo. Pasaron, no obstante, de una parte a otra buscando más vituallas, por no tener lo que les parecía haber menester para el cumplimiento de sus designios y, habiendo buscado y rebuscado en algunas aldeas donde no hallaron gran cosa, llegaron a Puerto Cabello, en cuya plaza se hallan almacenes españoles, que sirven de poner todas las mercadurías, las cuales vienen de país alto para guardarlas hasta la llegada de navíos. Estaba entonces un navío español allí, el cual era fuerte de veinticuatro piezas de artillería y dieciséis pedreros, que fue luego al punto cogido por los piratas y con él fueron cerca de tierra, saltando en ella y quemando los dichos dos almacenes con todas las otras casas que había, y tomando muchos de los moradores prisioneros, ejecutaron en ellos las más insufribles crueldades que jamás bárbaros inventaron, dándoles atroces tormentos, los peores que podían imaginar. Lolonois tenía por costumbre que poniendo algunos en tormento y no confesando, al instante los hacía tajadas con su alfanje o espada, cortándoles la lengua y deseando hacer lo mismo con el último español del mundo. Sucedía muy de ordinario que algunos de los mal aventurados prisioneros, por temor, prometían de mostrar lugares o sitios donde estaban los demás fugitivos, pero después (no sabiendo nada) que no podían hallarlos los dieron la muerte más enorme que a otros.

Muertos y aniquilados todos los prisioneros (excepto dos, que reservaron para mostrarles lo que deseaban) se fueron hacia la villa de San Pedro, que está cerca de 10 a 12 leguas de Puerto Caballo, con trescientos hombres, capitaneándoles Lolonois y dejando por teniente del resto de su gente a Moisés van Vin que gobernase en su ausencia. Caminado que hubo cerca de 3 leguas halló una tropa de españoles que tenían formada una emboscada, que les acometieron con valor, y al principio pelearon furiosamente, pero no pudiendo resistir a la furia de los piratas, procuraron huirse, dejando muchos piratas muertos y heridos, y a algunos de los españoles quedaron en el camino estropeados, Lolonois los hizo acabar de matar sin misericordia, cuando les hubo preguntado lo que le parecía a su propósito.

Quedaron, aún, algunos por prisioneros, que no estaban heridos, a quienes preguntó si había más españoles en emboscadas. A que respondieron sí. Hizo llamar uno a uno aparte, haciéndoles interrogación ¿si no habría medio para hallar otro camino que aquél? a fin de contraguardarse. Dijeron todos que no. Después de haber examinado a todos, y viendo no le mostraban otro camino, se encolerizó Lolonois de tal modo, que tomó uno de los españoles y con su alfange le abrió toda la parte anterior, arrancándole el corazón con sus sacrílegas manos, mordiéndole con sus propios dientes, y diciendo a los otros:

—«Yo os haré lo mismo si no me descubrís otro camino.»

Prometiéronle, aquellos mal afortunados, mostrarle otro camino, pero le declaraban era muy peligroso y penoso; con que, por satisfacer a aquel dragón, comenzaron a guiarle. Viendo no le servía, se vio obligado a volver al primero, diciendo con cólera infernal:

—*Mort Dieu: les Espagnols me le payeront:* muerte de Dios, los españoles me la pagarán.

El día siguiente dio en otra emboscada, a la cual acometió con tal horrible furor, que en menos de una hora fueron echados los españoles fuera, y la mayor parte muertos. Creían los españoles disipar y arruinar los piratas desde sus emboscadas, y así se dividieron en diferentes puestos. Dieron, finalmente, en una tercera, donde había otro partido de españoles más fuerte y ventajoso que los precedentes, mas, no obstante, los piratas, echando de pequeñas granadas de fuego a la mano con grandísima abundancia, continuando de tiempo en tiempo, obligaron a este partido del mismo modo que a los precedentes, haciéndoles huir de tal manera, que antes que llegasen a la villa ya eran muertos o heridos la mayor parte. No había sino un solo camino para llegar a dicha villa, que tenían bien prevenido de buenas defensas, y el resto, alrededor del pueblo, estaba plantado de ciertos árboles llamados raqueltes, muy espinosos y más picantes que los triángulos de que en Europa se sirven cuando un ejército debe pasar por un lugar forzoso, siéndoles casi imposible de atravesar por ellos. Los españoles que estaban detrás de dichas defensas, viendo venir los piratas comenzaron a tirar sobre ellos con su artillería, lo cual visto por éstos se agazapaban, y después del rito hecho, daban sobre los defensores con las granadas de fuego a la mano y sus alfanges, haciendo grande destrozo en los de la villa, pero, no obstante, no pudiendo más avanzar, fueron forzados a retirarse por esta vez. Después, tornando al ataque con poca gente, no disparando ningún tiro antes de estar cerca, dieron una carga tan diestra, que de cada tiro derribaban un español.

Continuando de este modo de una parte y otra hasta la noche, los españoles se vieron obligados a levantar estandarte blanco en señal que querían tregua y acordarse con ellos, rindiendo la villa a tales condiciones: que darían cuartel por dos horas a los vecinos. Pedían este tiempo para sacar fuera y esconder cuanto pudieran, y huirse a otra cualquiera plaza circunvecina. Sobre aquel acuerdo entraron en la villa, donde estuvieron las dos horas sin moverse a hacer alguna hostilidad ni molestia, pero después Lolonois los hizo seguir y robar todo cuanto se habían llevado consigo, no solo todos los bienes, mas sus personas también, haciéndolos todos prisioneros. No obstante, la mayor parte de mercadurías y muebles estaban de tal modo escondidas, que los piratas no pudieron dar con ellas, hallando solos algunos sacos de cuero, llenos de añil o índigo.

Después de haber estado un poco de tiempo y ejecutado grandísimas insolencias (según sus costumbres ordinarias) dejaron la villa, llevándose todo cuanto les fue posible y reduciéndola totalmente en cenizas. Llegando a la costa de la mar, donde dejaron un partido de sus camaradas, hallaron que éstos se habían entretenido en correr tras los pescadores que en aquellos distritos vivían, o venían del río de Guatemala, donde aguardaban un navío que debía venir de España. Finalmente, resolvieron de ir hacia las islas que están de la otra parte del golfo, para limpiar y calafatear sus navíos, dejando entretanto dos canoas delante de la costa o boca del río de Guatemala, para tomar el navío que dijimos se aguardaba allí de España.

El intento principal de su ida a aquellas islas era buscar provisiones, sabiendo que las tortugas de por allí son excelentes y gustosa comida. Luego que llegaron se separaron en tropas, escogiendo cada partido un puesto a parte para la pesca. Cada uno procuraba tejer una red de ciertas cortezas de árboles, llamados macoa, de los cuales también hacen cuerdas y maromas, necesarias al servicio de los navíos, de suerte que jamás tienen falta de tales cosas cuando pueden hallar dichos árboles. Hállanse en aquellas partes muchos lugares donde van a buscar pez, que sacan en grande abundancia, y es de tal modo la cantidad, que corriendo a las orillas de la mar, por medio del calor del Sol, hace y se congela con la humedad del agua en grandísimos montones, que se forman a modo de pequeñas islas. Esta pez no se parece a la de nuestras tierras, pero tiene grandísima semejanza a la espuma de la mar en la forma y color, lo cual llaman los naturalistas bitumen. Según lo que juzgo, diré que esta tal materia no es otra cosa que cera, la cual las tempestades echaron en la mar, de la que en los territorios vecinos, las abejas hacen, y de lo más apartado de la mar, los vientos y olas traen a la ribera, pues que ella está mezclada de arena y tiene el olor del ámbar negro que envían del oriente. En aquellos puestos se encuentran cantidades de dichas abejas que labran su miel en los árboles, de donde sucede que estando los panales agarrados a los troncos, sobreviniendo los torbellinos, se desgajan y por la furia del viento son llevados (como dijimos) a la mar. Algunos físicos quieren decir que en esta cera y miel se hace una separación por medio del agua salada, de donde proviene el buen ámbar, y es probable, porque cuando se halla dicho ámbar y lo gustan, tiene un sabor al de la cera.

Volviendo a nuestro discurso prosigo en que los piratas se preparaban en aquellas islas con prisa, por serles llegada nueva de la venida del navío español que aguardaban. Gastaron algún tiempo corriendo las costa de Yucatán, donde viven muchos indios que buscan el ámbar en aquellas riberas; mas pues hemos llegado con los piratas hasta aquí haré, pasando, alguna reseña del modo con que viven estas gentes y del servicio, o culto divino, que practican.

Han estado estos indios más de cien años debajo de la dominación española y cuando tenían necesidad de algún esclavo o criado, enviaban a buscar uno de ellos para que les sirviesen tanto que habían menester. Acostumbraban todos los domingos y fiestas enviar un sacerdote, que por algunos inconvenientes, según que a su modo hallaron (investigados de malas tentaciones), maltrataron el tal sacerdote y abandonaron el culto divino, por cuya razón los españoles les castigaron como merecían, metiendo en prisión muchos de los contumaces. Cada uno de aquellos indios tenía y tiene un dios aparte, al cual sirve y adora. Cosa bien digna de admiración es ver el modo con que tratan a una criatura recién nacida, pues luego que salió del vientre de la madre le llevan a su templo, donde hacen un círculo hoyo que llenan de cenizas (sin mezcla de otra cosa), sobre las cuales ponen la criatura, dejándola una noche entera sola con grandísimo peligro, sin que allí se atreva a llegar persona estando el templo abierto de todas partes por donde las bestias pueden entrar y salir. El día siguiente el padre y parientes de la criatura vienen a mirar en las cenizas si alguna pata o pezuña de bestia está señalada en ellas; y si no hallan señal la dejan hasta tanto que algún animal haya dejado impresa alguna de sus patas, al cual consagran la criatura como a su dios, que debe adorar y servir toda su vida, teniendo a la tal bestia por su patrón y protector en todo peligro y necesidad. Ofrecen a sus dioses sacrificios de fuego, donde queman una cierta goma que ellos llaman Copal, y nosotros llamamos Goma Caragna, cuyas humaredas son de un olor muy agradable. Llegado que ha la criatura a ser grande, sus padres le dicen y muestran a quien debe adorar, servir y honrar como a su Dios. Sabiendo esto va al templo, donde hace ofrenda a la tal bestia. Cuando sucede que a cualquiera le hacen algún mal o que por mala fortuna le viene algún desastre, se va a lamentar a la bestia y le ofrece sacrificio, pidiéndole justicia; de lo cual muchas veces acontece que si alguno le ha hecho el mal de que se lamenta, se halla muerto, mordido o maltratado de la tal bestia.

De este modo y con tales supersticiones e idolatrías se gobiernan aquellos míseros e ignorantes indios que habitan todas las islas del golfo de Honduras, como también muchos de los que viven en la tierra firme de Yucatán, en cuyos territorios se hallan deliciosísimos puertos, donde hacen la fábrica de sus casas. Esta suerte de gentes no son muy fieles entre sí, y usan unas extrañas ceremonias en sus casamientos. Pretendiendo alguno una doncella para casarse va primero a hablar al padre de ella, el cual le examina tocante al modo de cultivar los plantíos y de otras cosas, según su fantasía; a cuyos interrogatorios habiendo respondido con aprobación del pretendido suegro le da al joven un arco y una flecha, con el cual armado [y el joven] va a la doncella y la da una guirnalda de hojas verdes mezcladas con muy lindas flores, que debe poner sobre su cabeza, y desechar la que trae (porque es la costumbre que las doncellas anden siempre coronadas de flores), y recibida y puesta se va cada uno de los parientes y amigos a aconsejarse con otros de entre ellos mismos si aquel casamiento será útil y bueno. Júntanse después los dichos parientes y amigos en la casa del padre de la doncella y beben de cierto licor hecho de maíz y, delante de la compañía, el padre da a su hija al novio. El día siguiente viene la nuevamente casada en la presencia de su madre y se quita la guirnalda rompiéndola, dando grandes gritos y lamentándose amargamente, según la costumbre del país. Otras cosas pudiera largamente relatar de la vida y acciones de estos indios, pero seguiré mi asunto diciendo:

Que los piratas tenían algunas canoas de los indios en la isla de Sambale, 5 leguas de las costas de Yucatán. En esta dicha isla se halla mucho ámbar y, principalmente cuando hace alguna tempestad del lado del oriente, de donde las olas traen muchas cosas y muy diversas. Por esta mar no pueden pasar sino pequeñas embarcaciones, por ser poco profunda. En las tierras que esta mar gira se coge mucho palo campeche y otras cosas de este género, que pueden servir a la tintura, muy estimada en nuestras tierras; y sería más, si tuviésemos la ciencia de los indios, que son industriosos en hacer ellos tintura, que jamás muda el color en otro, ni desvanece.

Después de tres meses que los piratas quedaron en aquel golfo, tuvieron noticia que el navío español había llegado y vinieron con prisa al puerto, donde estaba descargando la mercaduría que traía, con ánimo de acometerle; para cuyo efecto, primeramente, enviaron a la entrada de la ribera algunos de sus bajeles a buscar una barca que aguardaban, teniendo noticia estaba cargada ricamente la mayor parte de plata, índigo y cochinilla. Supo la gente del navío que estaba en el puerto, que los piratas tenían designios sobre él; con que se preparó todo muy bien, siendo su artillería cuarenta y dos piezas y muchas más armas y pertrechos, necesarios para su defensa con ciento treinta hombres combatientes. A Lolonois, todo eso le parecía nada, y así le embistió con grande valor, no siendo su navío que de veintidós piezas de artillería y otra pequeña saetía para su ayuda; pero los españoles se defendieron de tal manera, que obligaron a los piratas a retirarse; mas, mientras las humaredas de la pólvora estaban aún densas, enviaron (como entre espesas nieblas) cuatro canoas con mucha gente y asaltaron el navío con grande agilidad, haciendo rendir a los españoles.

No hallaron dentro lo que pensaron, pues ya estaba descargado de casi todo, consistiendo la mina en cincuenta barras de hierro, un poco de papel, algunas vasijas llenas de vino, y cosas de este género, de muy poca importancia.

Juntó consejo Lolonois con toda la gente de su flota, proponiéndoles tenía intentos de ir hacia Guatemala, sobre lo cual hubo diversos pareceres; oyéndolo unos con agrado y otros no; principalmente una partida que eran nuevos en tales ejercicios y se imaginaron, al salir de Tortuga, que los reales de a ocho se cogían como peras en los árboles; y habiendo experimentado de otra suerte bien distinta, dejaron la compañía y se volvieron de donde salieron. Los otros, al contrario, dijeron que estimarían más morir de hambre que volverse sin mucho dinero. La mayor parte, también, viendo este propuesto viaje poco acertado se separaron, y con éstos un tal Moisés Vauclein, que estaba en el navío tomado a Puerto Caballo, y se fue hacia Tortuga para cruzar en aquellas mares con otro su camarada, llamado Pierre le Picard o Pedro el Picardo, que viendo a los otros dejar a Lolonois, le dejó también y tomó su rota, costeando la tierra firme y vino, en fin, a Costa Rica, donde saltó a tierra, cerca de la ribera de Veraguas, yendo con sus camaradas hasta la villa de este mismo nombre, que tomaron y saquearon totalmente, no obstante la grande resistencia que los españoles hicieron. Lleváronse algunos moradores hechos prisioneros con lo que robaron, que no fue cosa de importancia, por razón que los habitantes de la villa son pobres, no teniendo algún comercio, sino solo trabajar en las minas, donde hay algunos de ellos; pero otra persona no busca el oro que los solos esclavos, a los cuales fuerzan a minar, que mueran o vivan, y lavar la tierra que sacan en los ríos cercanos, en los cuales se suelen hallar algunos pedazos de oro grandes como garbanzos. En fin, los piratas no hallaron en el tal robo más que siete u ocho libras de oro, con que se volvieron dejando el designio que tenían antes de pasar hasta la villa de Nata, situada en las costas de la mar del sur, donde habían determinado de ir porque sabían eran todos mercaderes, que tienen todos sus esclavos en Veraguas, poniéndoles temor para no emprenderlo, la multitud de españoles que veían juntar, de unas y otras partes, de que también estaban con seguridad preadvertidos.

Lolonois quedó solo en el golfo de Honduras, por razón que su navío era muy grande para pasar los flujos del mar y riberas como los otros pequeños; allí tuvo grande falta de vituallas, de manera que les era forzoso ir todos los días a tierra para buscar de que mantenerse, y no hallando otra cosa cazaban algunos monos y otros animales de los mejores que podían para su sustento.

Finalmente hallóse en la altura del cabo de Gracias a Dios ciertas islas llamadas de las Perlas junto a ellas su navío dio en un banco de arena, donde se encalló sin hallar remedio para sacarle a profundidad suficiente, aunque le descargaron de toda la artillería, hierro y otros pesos cuanto les fue posible, que no les sirvió de otra cosa alguna; con que hicieron de la necesidad virtud, procurando deshacer el navío, y con alguna madera de él y clavos fabricar una barca larga. Comenzáronlo, y mientras los piratas están ocupados en ello, pasaremos a describir sucintamente las islas sobredichas y sus moradores.

Las islas de las Perlas son habitadas de indios propiamente salvajes, no habiendo casi jamás conversado ni hablado con gentes civiles; son de una estatura alta, muy ágiles para correr, que lo hacen como caballos ligeros; y a zambullirse en el agua son muy propios y diestros, pues de lo más hondo de la mar sacaron una ancora que pesaba 600 libras habiéndola atado un cable abajo con mucha destreza, y tirando de él desde unas peñas vinieron a lograr su intento. No se sirven de otras armas que de las que hacen de madera, sin que mezclen algún hierro, sino solo (algunos) algún diente de cocodrilo, el cual ponen a modo de púa; no usan de arcos ni flechas, como los otros indios; pero tienen un género a modo de lanzas largas de brazada y media. Hay en estas islas muchos plantíos que tienen cercados de bosques, de donde sacan abundancia de frutas, como patatas, bananas, racoven, ananás y otros muchos, según la constitución del país, cerca de los cuales no tienen casas para sus moradas. Algunos quieren decir que estos indios comen carne humana, y parece que se comprueba, pues en tiempo de Lolonois dos de sus compañeros, uno español y otro francés, se fueron al bosque y habiendo caminado hora y media encontraron una tropa de indios, de quienes fueron perseguidos; pero defendiéndose con sus alfanjes, no obstante, se vieron obligados a huir, lo cual hizo el francés con mucha agilidad y el español (que era más pesado) fue cogido por aquellos bárbaros, de quien no se supo más. Algunos días después intentaron ir al bosque, para procurar ver lo que se habría pasado; salieron doce piratas bien armados, entre los cuales estaba el dicho francés, que llevó a los otros y les mostró la parte donde había dejado a sus compañeros; vieron cerca del puesto que los indios habían encendido fuego, y a pocos pasos de allí hallaron los huesos del dicho español bien tostados, pudiendo bien asegurar que asaron al mísero español, de quien aún hallaron algunos pedazos de carne mal mondada de los huesos y una mano que no tenía más que dos dedos.

Pasaron adelante buscando algunos indios, de quienes hallaron una grande tropa, los cuales procuraron huir, por ver muy fuertes y armados a los piratas; que se trajeron consigo a sus navíos, cinco hombres y cuatro mujeres, con los cuales hacían lo posible para darse a entender, y por ese medio comerciar con ellos algunas chucherías, ofreciéndoles algunos cuchillos y corales que aceptaron; dábanles también de comer y beber, lo cual no quisieron aceptar ni probar. Notaron mucho los piratas que en todo el tiempo que los dichos indios estuvieron en sus navíos no hablaron entre ellos una palabra. Viendo los piratas que los indios tenían grande temor por ellos, los presentaron algunas alhajillas, y los dejaron ir, con que al tiempo de la separación hicieron señales de que volverían; pero olvidáronse de tal modo que jamás los volvieron a ver, no pudiendo tener más noticias en toda la isla de estos tales indios, de quienes se cree, y de los otros que allí había, que de noche se pasaron todos a nado a otras isletas vecinas, pues ni pareció más algún indio, ni jamás se vio en toda la circunferencia de la isla alguna barca, u otra embarcación, ni señal de tal cosa.

Entretanto, los piratas deseaban ver acabado el barco largo que fabricaban de la madera del navío que se les encalló, mas considerando tenían obra para mucho tiempo, dieron en cultivar algunos campos, sembrando en ellos fríjoles, que en seis semanas recogieron con otros muchos frutos; tenían consigo mucho trigo de España, bananas, racovent y otras provisiones, con que amasaban pan y lo cocían en hornos portátiles que para ello tenían, no temiendo por entonces morir de hambre en aquellos desiertos. Estuvieron cinco o seis meses de este modo entretenidos, los cuales pasados, y acabado ya su barco largo, determinaron ir a la ribera de Nicaragua a escudriñar si no habría medio de coger algunas canoas para venir a buscar a los que quedaban en tierra y que no cabían en las embarcaciones que tenían; y para que no hubiese alguna disputa entre ellos, echaron suerte para saber cuáles debían ir.

Salió la suerte para la mitad de la gente, que se pusieron en el barco largo y chalupa que tenían consigo, y la otra mitad quedaron en tierra. En pocos días llegó Lolonois a la entrada de la ribera de Nicaragua, donde fue asaltado de la mala fortuna, que muchos días había le estaba guardada, en castigo de tanta multitud de maldades como en su desenfrenada vida cometió. Le descubrieron los españoles e indios, que juntos le sacudieron y a sus compañeros; de tal modo fue, que la mayor parte de los piratas quedaron muertos sobre el campo. Lolonois, con los que quedaron hicieron bastante en escaparse y montar sobre sus barcos, determinando, aún, de no volver a ver los que quedaron en la isla de las Perlas, al no tener otras barcas, que andaban buscando, resolvió de ir a las costas de Cartagena con los designios de buscar lo que querían; pero ya, como harto Dios de tantas iniquidades y llegado el tiempo determinado de su terrible justicia, se sirvió para ministros de ella de los indios de Darién (que los españoles tienen por bravos o salvajes), donde fue Lolonois, llevándoles al suplicio su propia mala conciencia y creyendo hacer en aquella tierra de las suyas, los indios le cogieron y despedazaron vivo, echando los pedazos en el fuego y las cenizas al viento, para que no quedase memoria de tan infame humano. Uno de sus compañeros me dio cuenta de esta tragedia, y me aseguró se escapó él mismo con muchísimo trabajo, creyendo también que muchos de sus socios quedaron en la demanda, como su cruel caudillo, abrasados. Esta es la historia de la vida y fin del infernal Lolonois, que lleno de execraciones y enormes hechos, deudor de tanta sangre de inocentes, murió a manos carniceras, como las suyas lo fueron en su vida.

Los que quedaron en la isla de las Perlas, aguardando la vuelta de los que por mala suerte salieron, no teniendo nuevas de su capitán ni compañeros, se pusieron sobre un navío de cierto pirata que pasó por allí viniendo de Jamaica, con intención de ir a saltar en tierra al cabo de Gracias a Dios, y de allí montar con sus canoas la ribera para intentar tomar la ciudad de Cartago. Estos dos partidos de piratas, ya juntos, se hallaban contentos, los unos por verse libres de sus miserias, pobreza y necesidades donde vivieron diez meses, los otros por verse más fuertes para efectuar más satisfechos sus designios. Llegado que hubieron al dicho cabo de Gracias a Dios, pusieron su gente en canoas, y con ellas montaron la ribera (en todos eran quinientos hombres), dejando en cada una de las embarcaciones cinco o seis personas por guardas. No tomaron vituallas consigo, creyendo hallarían en toda parte muchas, pero se hallaron engañados de su confianza, no siendo fundada en Dios, el cual dispuso que luego que los indios percibieron su mala llegada, se huyeron, no dejando en sus casas provisiones algunas, ni en sus plantíos (que de ordinario cultivan cerca de las riberas), cosa de sustento. Con que en pocos días, después que salieron de sus navíos, estaban tan necesitados y hambrientos, que ya no veían nada, aunque la esperanza que tenían de hacer bien presto su fortuna les animaba, contentándose en su grande aflicción de algunas verduras que hallaban en las orillas de la ribera.

Todo su esfuerzo y ánimo no les bastó para que después de quince día dejasen de comenzar a desmayar de hambre, de tal modo que se vieron obligados a resolver dejar la ribera e irse a las selvas, buscando entre ellas algunas poblaciones donde poder hallar alguna subsistencia, mas en vano, porque después de haber caminado algunos días sin poder hallar consolación para sus hambrientos deseos se volvieron a dicha ribera; habiendo vuelto, juzgaron a propósito bajar a las costas de la mar, no sabiendo descubrir lo que buscaban. Estaban ya tan miserables muchos de entre ellos, que se comían sus propios zapatos, vainas de espadas, de cuchillos y cosas semejantes; de suerte que se hallaban como rabiosos, deseando se les apareciese algún indio para sacrificarle a sus dientes. Finalmente, llegaron a las costas de la mar, donde hallaron alguna refocilación, y la invención de buscar más, que aunque les dio algún alivio, no dejaron de perecer los más, y el resto se disiparon para venir a dar por sus pasos contados en el abismo de Lolonois (de quien, y de sus cómplices, hemos hecho relación compendiosa). Ahora trataremos de su segundo y semejante Juan Morgan, que no cedió al precedente en crueldades contra los españoles, ni en enormes ejecuciones contra multitud de inocentes.

Capítulo IV. Del origen y descendencia de Juan Morgan, sus hechos y continuación de las más notables acciones de su vida

Juan Morgan nació en Inglaterra en la provincia de Gales, su padre era labrador rico y de buenas calidades, pero Morgan, que no tuvo inclinación por seguir los ejercicios de su padre, se fue a las costas de la mar, para emplearse, si hallase ocasión. Hallóla en un cierto puerto donde estaban algunos navíos destinados para la isla de Barbados, con los cuales determinó de ir en servicio de quien, después, le vendió, luego que llegaron a dicha isla, según las máximas ordinarias de los ingleses. Sirvió su tiempo en Barbados y acabado fue a la isla de Jamaica, en cuyo tiempo halló preparados allí dos piratas y se acordó con uno para emplearse en los ejercicios que contaremos. Aprendió en muy poco tiempo su modo de vivir, tan exactamente que después que hubo hecho tres o cuatro viajes, con emolumentos de prosperidad, se concertó con algunos de sus camaradas que tenían, de los mismos viajes, buena partida de dinero y juntos compraron un navío, del cual Morgan fue hecho y electo capitán.

Fuese a cruzar las costas de Campeche, donde tomó diversos navíos. Había en este mismo tiempo un viejo pirata llamado Mansvelt, que emprendía en Jamaica armar una poderosa flota a fin de ir a tierra firme y saquear cuanto sus fuerzas alcanzasen. Viendo Mansvelt que Morgan era intrépido, le hizo su vicealmirante, con que, poniendo quince navíos, tanto grandes como pequeños, a la vela salió de Jamaica con quinientos hombres, valones y franceses, y se fueron a la isla de Santa Catalina, situada cerca de la tierra firme de Costa Rica, en la altura de 12 grados y medio, latitud septentrional, 35 leguas de la ribera de Chagre, entre el norte y sur, en la cual fue donde echaron primer pie en tierra.

Forzado que hubieron la guarnición que guardaba dicha isla a rendirse y poner entre sus manos todas las fortalezas de ella, arruinaron una grande parte, y en la que dejaron, pusieron cien hombres de los suyos, con todos los esclavos que los españoles tenían. Hizo después retirar toda la otra gente suya a una pequeña isla que estaba de allí cercana y tan próxima a la tierra firme, que con un puente podían pasar. Fabricóle, y sobre él condujo la artillería que sacó de la grande isla; con que habiendo puesto fuego por toda ella y dado las órdenes necesarias, se fue a la mar con los españoles que había hecho prisioneros y los puso poco después en tierra firme, cerca de una plaza llamada Portobelo. Comenzaron después a cruzar los mares de Costa Rica y, finalmente, vinieron a la ribera de Colla, con intención de robar todas las aldeas que en aquellas partes se hallan, y después de pasar la villa de Nata, para hacer lo mismo.

El presidente de Panamá, estando advertido de la llegada e insultos de piratas, vino a su encuentro con alguna gente de modo que hizo retirar con cuidado a los piratas, que viendo había por todo el país ya noticia de ellos y que sus designios estaban conocidos y, por consecuencia, no podían hacer por entonces grande fortuna, se volvieron a la isla de Santa Catalina para visitar a los cien hombres que dejaron de guarnición en ella, de los cuales era gobernador un cierto francés llamado le sieur Simon, que se comportó muy bien en el cargo mientras Mansvelt estaba ausente; de suerte, que había puesto en buena defensa la isla grande y la pequeña la hizo cultivar de muy fecundos plantíos, que fueron bastantes para que toda la flota hallase suficientes vituallas y frutos, y no solo se refrescase sino también se proveyese, en caso de nuevo viaje. Llevábale la inclinación a Mansvelt de guardar estas dos islas en perpetua posesión por ser muy cómoda y provechosa a los piratas pues estaba cerca de los españoles y fácil para guardar contra ellos, lo que después representaré en la tercera parte en los discursos de la toma de Panamá.

Mansvelt determinó de volver hacia Jamaica, y de allí enviar algún socorro a la isla de Santa Catalina para que, en caso de invasión de españoles, estuviesen los piratas más fuertes. Propuso al gobernador, luego que llegó, sus designios, mas no le agradó la proposición de Mansvelt temiendo que caería, si lo hacía, en desgracia del rey de Inglaterra; además, si le daba el socorro de gente que pedía y otras cosas concernientes, se exponía a disminuir las fuerzas de la isla, de que era gobernador. Viendo Mansvelt la tibieza de dicho gobernador y que de sí mismo no podía guardar lo que pretendía, se fue a Tortuga con el mismo intento, pero antes que ejecutase estas segundas determinaciones, la muerte le cortó los pasos de su forajida vida y quedó todo suspenso hasta la ocasión que contaré.

Le sieur Simon, que había quedado en Santa Catalina en calidad de gobernador, viendo no recibía alguna nueva de su almirante Mansvelt, aguardaba de día en día, con impaciencia, cuál podría ser la causa; entretanto, don Juan Pérez de Guzmán, que nuevamente había venido al gobierno de Costa Rica, echaba de ver era una cosa muy considerable el dejar aquella isla en poder de piratas, juzgando iba en ello el interés del rey de España, su señor; con que armó una considerable flota que envió a la dicha isla. Antes que llegase a ponerse en términos de violencia, dicho don Juan Pérez de Guzmán escribió una carta a le sieur Simón (esto es, al caudillo de piratas que allí estaba) proponiéndole, que si quería rendir a su majestad católica la isla, le prometía alguna buena recompensa y que sino, al contrario, le forzaría a ello. El sieur Simon no viendo apariencias de defensa, ni provecho para él, ni para su gente, entregó la isla al propietario con las mismas capitulaciones que ellos habían obtenido de los españoles. Pocos días después llegó un navío inglés de Jamaica, que el gobernador tácitamente había enviado, en el cual estaban muchas personas, tanto hombres como mujeres. Viéndole los españoles del castillo, enarbolaron el estandarte inglés y persuadieron al sieur Simón a ir y conducir dicho navío a un puerto que le estaba ordenado; hízolo inmediatamente con ficción, de suerte, que todos quedaron prisioneros. Cierto ingeniero español ha hecho antes que yo relación de este caso, la cual me llegó a las manos y, pareciéndome del propósito, la pondré aquí.

Relación particular de la victoria que las armas de su majestad católica obtuvieron contra los piratas ingleses por la dirección y valor de don Juan Pérez de Guzmán, caballero del Orden de Santiago, gobernador y capitán general de la Tierra Firme y provincia de Veragua

El reino de Tierra Firme, siendo fuerte lo que basta para exterminar grandes armadas y, principalmente a los piratas de Jamaica, se hallaba con avisos, y el gobernador de él en su nombre, de que catorce navíos ingleses cruzaban las costas, sujetas a su majestad católica. El día 14 de julio de 1665 llegaron las nuevas a Panamá de como los piratas ingleses habían invadido a Puerto de Naos y forzado la guarnición española de Santa Catalina, donde estaba por gobernador don Esteban del Campo, y que se habían hecho posesores de la isla aprisionando y destruyendo cuanto encontraban. Como don Juan Pérez de Guzmán oyese tales insultos por las relaciones de algunos españoles, que se escaparon (a los cuales hizo don Juan conducir a Portobelo) y que decían como los piratas llegaron de noche a la isla el día 2 de mayo sin que persona los hubiese apercibido, y que el día siguiente, después de algunos combates, tomaron las fortalezas e hicieron prisioneros a todos los habitantes y soldados, sin reservar alguno más que los que por fortuna se escaparon. Juntó consejo don Juan, declarando el gran progreso que los piratas habían hecho en las tierras de su majestad católica. Hizo allí proposición como era menester de toda necesidad enviar fuerzas bastantes a la isla de Santa Catalina para volverla a tomar de los piratas, lo cual era del crédito e interés real el hacerlo así. Y que los dichos piratas con tales conquistas se podrían señorear de todas aquellas tierras. Respondieron algunos del consejo, que los piratas, no estando en estado de subsistir en dicha isla, se consumirían de sí mismos en breve tiempo y se hallarían obligados de salir sin ser preciso echarlos, y que, por consecuencia, que no valía la pena de tomar tanta fatiga y hacer los gastos que preveían. No obstante la respuesta, don Juan (como valiente soldado que era) dio orden al punto de conducir muchas vituallas a Portobelo para la milicia, y por no hallarse ocioso y confiado, fue él mismo en persona con grande riesgo de la vida. Llegó el día 7 de julio con todo lo necesario, y halló en el puerto un buen navío llamado San Vicente, perteneciente a la Compañía de los Negros, el cual, de sí mismo, estando bien armado y lleno de municiones de guerra, le proveyeron de gente y vituallas, y enviaron a Santa Catalina, y por capitán de él a Joseph Sánchez Jiménez, mayor de la ciudad de Portobelo, que era bravo y valeroso soldado. La gente que consigo llevaba eran doscientos setenta hombres militares y treinta y siete prisioneros de la misma isla, más treinta y cuatro españoles de la guarnición, veintinueve mulatos de Panamá, doce indios muy hábiles y diestros a tirar con flechas, siete condestables muy buenos artilleros dos ayudantes, dos pilotos, un cirujano, y un religioso del orden seráfico por confesor.

Dio don Juan orden a todos los oficiales, instruyéndoles del modo que se debían arreglar y como el gobernador de Cartagena los asistiría con gente, barcos y de todo lo que tuvieran necesidad, según la carta que le había escrito a este fin. El 24 del dicho mes, don Juan hizo salir el navío fuera del puerto, y viendo el viento favorable convocó toda la gente destinada, dándoles ánimo para pelear contra los enemigos de la religión católica, y aún más, contra aquellos condenados piratas que habían ya cometido tantas acciones crueles contra los vasallos de su majestad católica, prometiendo a cada uno de ellos la recompensa liberal, principalmente al que hiciera con esfuerzo lo que debía por su ley. Fuese luego don Juan, e inmediatamente los del navío levantaron áncora al favor del viento que les era propicio. Llegaron a Cartagena el día 22 del dicho mes y presentaron una carta al gobernador de parte del valeros don Juan, la cual recibió con muestras de afección, y viendo aquella animosa resolución les prometió asistencia con una fragata, un galeón y una barca con ciento veintiséis hombres, la mitad de su guarnición y la mitad de mulatos. Estando todos bien proveídos de todo lo necesario salieron del puerto de Cartagena el día 2 de agosto, y el diez del mismo llegaron a la vista de Santa Catalina hacia la punta del occidente, y aunque entonces el viento era contrario, llegaron al puerto y echaron las áncoras, habiendo perdido una barca por tempestad en la roca llamada Quita Signos.

Viendo esto los piratas tiraron tres piezas de artillería con balas, las cuales fueron pagadas con semejante moneda. Envió, el mayor Joseph Sánchez Jiménez, al punto uno de sus oficiales, anunciando a los piratas que rindiesen la isla de parte del rey su señor, pues la habían tomado en tiempo de paz entre las dos coronas de España e Inglaterra, y que en caso que obstinasen, los arruinaría a todos a punta de cuchillo. Respondieron los piratas que esta isla había estado otra vez debajo del gobierno y sujeción del rey de Inglaterra, y que, en lugar de rendirla, amaban más perder la vida.

Viernes trece de dicho mes vinieron tres negros del enemigo a bordo de la almiranta diciendo que todos los piratas juntos que estaban en la isla eran en número setenta y dos hombres, y que entre sí había una grande consternación, viendo venir un tal poder contra ellos. Con esta advertencia los españoles avanzaron en tierra a las fortalezas, las cuales despidieron muchos tiros de artillería, tantos que pudieron, no faltándoles respuesta de la otra parte, durando hasta cerrar la noche. El domingo quince del dicho mes, que era día de la Asunción de Nuestra Señora, hacía un tiempo muy claro y sereno; los españoles comenzaron a avanzar así: el navío San Vicente, que era la almiranta, disparó dos andanadas de artillería, todas enteras, sobre la batería llamada La Concepción; el navío San Pedro, vicealmiranta, disparó sobre la otra llamada Santiago. Entre tanto condujeron a nuestra gente a tierra con chalupas, encaminándolos a la punta de la dicha última batería, y de allí fueron marchando hacia la puerta intitulada Cortadura. Al ayudante Francisco de Cáceres, queriendo reconocer las fuerzas de los piratas con solo quince hombres, le fue preciso retirarse bien presto a causa del ímpetu de la artillería, porque tiraron los piratas hasta los órganos de la iglesia, despidiendo cada tiro sesenta flautas algunas veces.

El capitán don Joseph Ramírez de Leyva, no obstante, con sesenta hombres dio un ataque, y pelearon furiosamente de una parte y de otra hasta el tiempo que obligó a los piratas a rendir la fortaleza que emprendió.

El capitán Juan Galeno y con noventa hombres pasaron las montañas para avanzar por aquella parte al castillo de Santa Teresa. El mayor don Joseph Sánchez Jiménez, como general y gobernador, salía fuera de la batería de Santiago con el resto de su gente, pasando el puerto con cuatro chalupas, y llegó a tierra a pesar de los enemigos. En ese tiempo el capitán Juan Galeno comenzó a avanzar con los otros la sobredicha fortaleza; de suerte que nuestra gente dio ataque a los enemigos por tres diversas partes a un mismo tiempo, con grande coraje y valor. Viendo los piratas muchos de los suyos ya muertos y que no les era posible subsistir contra los españoles, huyeron a Cortadura, donde se rindieron, como también toda la isla; con que, al punto, enarbolaron el estandarte real de España y después dieron muchas gracias a Dios por la victoria obtenida en día de Nuestra Señora. El número de muertos era seis hombres de los enemigos, con muchos heridos, y setenta prisioneros; de nuestra parte no hubo más que un solo muerto y cuatro heridos.

Halláronse en la isla ochocientas libras de pólvora, doscientas y cincuenta libras de balas de mosquete y otras municiones de guerra. Entre los prisioneros se descubrieron dos españoles que habían tomado las armas con los ingleses en oposición de su majestad católica los cuales fueron arcabuceados el día siguiente por orden del mayor. El 10 de septiembre llegó al puerto un navío inglés, que habiendo sido descubierto a lo lejos por el gobernador, dio orden a le sieur Simon, que era francés, para ir a visitarle y decir a los que en él venían como la isla pertenecía aún a los ingleses. Hízolo, y halló dentro catorce hombres y una mujer con una hija, los cuales fueron todos hechos prisioneros.

Los piratas ingleses fueron transportados a Portobelo; excepto tres que el gobernador dio orden de llevar a Panamá para trabajar en el castillo de San Jerónimo, el cual es obra excelentísima y fuerte, estando fundado en medio del puerto en forma cuadrangular, de piedra muy sólida. Su elevación es de ochenta y ocho pies geométricos; las murallas de catorce y los cordones de setenta y cinco pies de diámetro. Hase fabricado a expensas de particulares, contribuyendo la mayor parte del dinero el gobernador, sin que a su majestad le haya costado cosa alguna.

La verdad y opinión más conforme a todas las naciones que han entendido y hablado en ese caso, concuerdan con la sobredicha relación, sacada en público por aqueste ilustre ingeniero, la cual trae en lengua flamenca el autor de este libro, que como mira, siendo gallo soberbio, al león bravo forcejudo, y rey valiente, envidia le sobra y legalidad le falta para escribir sin pasiones la integridad de los casos hasta aquí mencionados y en particular cuando habla en lo antecedente de esta isla de Santa Catalina; y aquí con la burlesca declaración que pone, queriendo dar a entender a las naciones extranjeras, hicieron mucho ruido y preparaciones los españoles para recobrar a los piratas una isla que no tenía más que setenta hombres, no considerando que los españoles estaban advertidos de que era el número copiosísimo cuando los piratas la tomaron e ignorando los que podrían haber quedado y llamado a su socorro. Además que cuatro amurallados suponen cuatro cientos a cuerpo abierto, de donde concluyo que así en esto como en todo lo demás de esta historia se debe dar fe conforme a la razón más probable, que es considerar el que este libro leyere, como en todos los casos ya referidos y que adelante se contarán, han sido escritos por una pluma francesa en papel flamenco, y que yo como traductor, ni aumento ni disminuyo, porque me parece no habrá genio tan basto que deje de penetrar lo siniestro de esta historia cuando es menester oír noticias de los heroicos hechos de los españoles y contar los sucios y crueles modos de los piratas.

Capítulo V. Intenta Morgan de guardar la isla de Santa Catalina para refugio y almacén de piratas; pero fáltanle los medios a sus designios. Relátase la llegada y toma de la villa llamada el Puerto del Príncipe

Viendo Morgan que su predecesor y almirante era muerto, procuró e hizo guardar y tener en posesión perpetua la isla de Santa Catalina, situada cerca de la de Cuba, y asignarla refugio y asilo de piratas, poniéndola en estado (según creía) de suficiente almacén de sus robos y latrocinios. Buscó mil invenciones para establecer esta empresa, con cuyo fin escribió a diversos mercaderes que vivían en la Nueva Inglaterra, exhortándolos a enviarle vituallas y otras cosas concernientes a hacerse fuerte en la dicha isla; de suerte que no tuviese temores de daños exteriores, ni sospechas de invasiones por cualquiera que intentara inquietarle. Halláronse sus pensamientos vanos y frustrados por la reconquista de los españoles. No obstante, Morgan conservaba más coraje que maduro consejo y buscó nuevas prácticas, haciendo armar un navío con intención de recoger una flota entera, tan grande cuanto sus fuerzas alcanzasen. Púsolo por ejecución y dio orden a cada miembro de su flota para hallarse en los puertos del sur de la isla de Cuba, donde determinó juntar consejo, y en él tomar resolución de lo que había de hacer y a qué plaza acometería primeramente. Dejando esto en este estado pasaremos a hacer breve descripción de la isla de Cuba al presente, pues fui omiso en hacerla cuando en lo precedente hablé en diversas partes de ella.

Breve descripción de la isla de Cuba

Extiéndese esta isla del oriente al occidente en la altura y situación de veinte hasta 23 grados, latitud septentrional; es larga de 150 leguas alemanas, y ancha de 40 semejantes. Es tan fructuosa como la Española. Rinde muchas cosas propias al comercio, como pieles de diversas bestias y en particular las que en Europa llamamos de Habana. De todas partes está rodeada de un número muy grande de isletas, a las cuales llaman cayos; sírvense los piratas de ellas para refugio y citación de sus juntas y para asaltar más a gusto a los españoles. Riéganla por todas partes raudales de abundantes y bellas riberas, cuyas bocas forman asegurados y muy capaces puertos, sin otros que en calmosas costas adornan muchas partes de esta isla, enriqueciéndola con facilidad del comercio que ofrecen a los propios y foráneos. Los más célebres de estos puertos, son: Santiago, Trinidad, Xagoa, Cabo de Corrientes y otros, los cuales están todos en la costa del sur. En la del norte se hallan: La Habana, Puerto Mariano, Santa Cruz, Matarricos y el Baracoa.

Dos ciudades principales tiene, debajo de cuyo gobierno toda la isla se dirige y a quienes todos los pueblos de ella obedecen. Santiago, una de ellas, está situada en la costa del sur, a quien pertenece la mitad de la isla; tiene un obispo y un gobernador que mandan sobre las villas y lugares de la mitad sobredicha, conviene a saber: del lado del mediodía, al Espíritu Santo, Puerto del Príncipe, Bayamo; del lado del septentrión tiene Baracoa y la villa de los Cayos. La mayor parte del comercio que se contrata en el sobredicho Santiago viene de las islas Canarias, a donde envían tabaco, azúcar y pieles, todo lo cual retira de otras villas y lugares subalternos. En tiempos pasados fue miserablemente saqueada por los piratas de Jamaica y Tortuga, aunque la defiende un castillo considerable.

La ciudad de La Habana yace a la parte de entre el norte y poniente; es una de las más famosas y más fuertes plazas de todas las Indias septentrionales; alárgase su jurisdicción a la otra mitad de la isla, contándose debajo de ella, Santa Cruz, que está a la parte del norte, y la Trinidad, en la del sur, de las cuales sale grande cantidad de tabaco, dándolo con abundancia a la Nueva España y Costa Rica hasta la mar del Sur y también enviando navíos cargados a España y a otras partes de Europa, no solo en manojos, mas torcido en rollos. Guardan a esta ciudad tres castillos muy grandes y fuertes, dos al puerto y el tercero sobre una montaña predominando al pueblo. Habítanla diez mil moradores, los mercaderes trafican en Nueva España, Campeche, Honduras y Florida. A todos los navíos que vienen de esas sobredichas partes y los de Caracas, Cartagena y Costa Rica, les es preciso venir a buscar sus provisiones a La Habana para navegar a España, siendo su derecho camino y necesario queriendo pasar a la Europa meridional y otras partes. La flota de la plata viene allí anualmente a tomar el resto de sus cargazones, como pieles, tabaco, y palo de Campeche.

No había más que dos meses que Morgan estuvo en los puertos de la isla de Cuba, cuando tenía ya armada una flota de doce velas, navíos y barcas con setecientos hombres combatientes, tanto ingleses como franceses. Juntaron consejo, y algunos propusieron de embestir, con el favor de la oscuridad nocturna, a la ciudad de La Habana, lo cual decían se podía fácilmente emprender, particularmente, si podían tomar una parte de los eclesiásticos y hacerlos prisioneros; y también saquear la ciudad antes que los castillos se pusiesen en estado de defensa. Otros proponían, según sus pareceres, diversas empresas; no obstante, la primera propuesta fue desechada porque muchos de los piratas estuvieron prisioneros en otras ocasiones en aquella ciudad y aseguraban que no podía hacer cosa de importancia, menos que con mil quinientos hombres, y que primero debían con toda esta gente ir a la isla de los Pinos y echar en tierra toda la gente con pequeños barcos hacia Batabanó, que está 14 leguas de la referida ciudad, para que con este orden saliesen con sus intentos.

Veían, en fin, que los medios les faltaban para juntar una tan grande armada y con la que tenían resolvieron de ir a otra plaza. Había uno entre ellos que proponía el asalto de la villa del Puerto del Príncipe, diciendo que la conocía muy bien, y que, como apartada de la mar, no estuvo jamás saqueada, y que así los moradores eran muy ricos, como haciendo su comercio con dinero de contado, en la correspondencia familiar que los de La Habana tienen establecida en esta parte, consistiendo en pieles. Esta propuesta fue al punto aceptada por Morgan y sus principales socios. Dieron orden a cada capitán para levantar las áncoras y ponerse a la vela, tomando la rota hacia la costa más próxima del Puerto del Príncipe, donde se halla una bahía intitulada el Puerto de Santa María. Sucedió, pues, que estando la flota cerca de tierra se echó a nado un español prisionero y se fue de noche a la tal villa de Santa María, contando como había oído discutir a los piratas (que no creían entendiese la lengua inglesa) como venían con designio de embestirles. Los españoles que entendieron su afortunado anuncio, comenzaron al momento a cubrir sus bienes y guardar los muebles que pudieron. Hizo el gobernador congregar toda su gente, tanto vecinos como esclavos, y se pusieron con una parte de ellos en camino por donde los piratas debían pasar. Ordenó cortasen muchos árboles y que los atravesasen en todos los caminos para impedir el paso a los piratas. Formó diversas emboscadas, donde asentaron alguna artillería. Eran todos ochocientos hombres, de los cuales repartió para dichas emboscadas cuantos juzgó a propósito y con el resto circunvaló la villa en un campo muy dilatado, desde el cual podían ver la venida de piratas a lo largo.

Los enemigos que caminando vieron los pasos y entradas impenetrables, tomaron su derrota entre el bosque, atravesándole, con que evitaron diversas emboscadas, y finalmente llegaron a campaña rasa, cuyo nombre es la Sabana. Desfiló una tropa de caballería española contra los piratas creyendo los harían huir y, al mismo tiempo, dar sobre sus espaldas; sucedióles de otra manera, porque los piratas hicieron su marcha en orden al son del tambor, guiados de sus enarbolados estandartes. Acercáronse y se pusieron en forma de semicírculo, con que de este modo avanzaron a los españoles que se les opusieron como bravos soldados por algún tiempo, mas viendo que los piratas eran diestrísimos en jugar las armas y que su gobernador, con otros muchos de sus compañeros, cayeron en tierra, comenzaron a retirarse hacia el bosque para salvarse más asegurados, aunque, infortunadamente, antes que a él llegasen, fueron los más muertos a manos de los piratas, dejando la victoria a los advenedizos enemigos que no tuvieron en este combate (duró cerca de cuatro horas) considerable pérdida de gente y muy pocos heridos. Entraron en la villa, si bien, precediendo alguna resistencia de los que estaban dentro, que se defendieron hasta no poder más, creyendo impedir el saqueo; algunos se encerraron en sus casas y desde las ventanas tiraron muchos arcabuzazos, y viéndolo los piratas hicieron amenazas, diciendo: Si no os rendís voluntariamente, presto veréis toda la villa en incendio, vuestras mujeres e hijos todos despedazados. Sobre tales conjuros los españoles se sometieron enteramente a la discreción de sus enemigos, creyendo que los vencedores no podían quedar allí largo tiempo y que se verían obligados a desalojar con presteza.

Luego que los piratas se señorearon de la villa, metieron a todos los españoles, tanto hombres como mujeres y niños, como también a los esclavos, en las iglesias, y recogieron todos los bienes de pillaje que pudieron hallar.

Corrieron después por todo el país trayendo de día en día muchos bienes y prisioneros con muchas vituallas, de que hicieron opulentos banquetes sin acordarse de los hambrientos prisioneros, a quienes dejaban morir de necesidad. No ahorrando sus crueles tormentos para con los encerrados, pues cotidianamente los maltrataban sin misericordia para hacerles confesar en qué parte tenían los muebles, dinero y otras cosas encubiertas, aunque ya no tenían más; castigaban a las mujeres y criaturas con el mismo intento, no dándolas así nada de comer, de que resultó morir la mayor parte.

Cuando no tuvieron más que poder robar y que los víveres les comenzaban a faltar, tomaron resolución de partir para buscar más fortuna en otras partes, diciendo a los prisioneros: Buscad medios para rescataros, o si no os transportaremos a Jamaica y si, junto con esto, no nos tributáis la quema de toda la villa, veréis bien presto en inextinguibles llamas vuestras casas. Nombraron entre sí los españoles cuatro prisioneros para ir a buscar tales contribuciones y, para que despachasen presto, atormentaban en su presencia a los otros con el mayor rigor que se puede imaginar. Volvieron los fatigados españoles de sus irrazonables comisiones, diciendo a Morgan: Hemos corrido, buscado y escudriñado todos los cincunvecinos bosques y sitios más sospechosos para descubrir a quien pedir vuestra demanda, y no hemos podido sacar rastro de los nuestros ni, por consiguiente, fruto de nuestra embajada; pero si os agrada ejercer vuestra paciencia por quince días, haremos de suerte que todo se os pague en este tiempo. Parece que Morgan oyó las razones sobredichas, pero poco después llegaron siete u ocho piratas, que venían de los campos y bosques con algunas ventajas y, entre ellas, un negro prisionero que traía cartas, las cuales fueron abiertas por Morgan. Y halló que eran del gobernador de Santiago, que escribía a algunos prisioneros diciendo: No os deis prisa a pagar lo que se os pide por rescate, quema, ni otro tributo; antes, al contrario aguardar mi socorro en breve tiempo y entretened a los piratas, lo mejor que os fuese posible, entre tanto que os llega. Al punto Morgan hizo llevar todo lo que había hurtado y lo puso en sus navíos, advirtiendo a los españoles que el día siguiente pagasen lo que les pedía, y que no aguardaría un momento más si no contribuían para poner en combustión y reducir en cenizas toda la villa.

No les hizo mención en sus discursos Morgan a los españoles de las cartas que había hallado, con que le respondieron serles imposible dar tal suma de dinero en tan poco tiempo, pues sus compañeros no aparecían en todos los contornos. Sabía bien Morgan sus intenciones, y así no le era útil el quedar allí más tiempo. Pidióles quinientos bueyes o vacas con bastante sal para salarlos; sacando por condición se los llevarían a bordo del navío, lo cual le prometieron, y partió con los suyos tomando consigo seis principales, en prendas de lo que tenía intención. Vinieron el siguiente día con el ganado vacuno y sal, pidiendo los seis prisioneros que Morgan rehusó y, no fiándose más largo tiempo en permanecer allí, por temor de ser asaltado, les dijo ayudasen a matar y salir dicho ganado, lo cual hicieron con mucha prisa y después fueron absueltos los seis moradores que estaban en rehenes de las demandas. Mientras esto se disponía hubo algunas disensiones entre los ingleses y franceses, pues como un inglés matase a un francés por un nonada y el tal francés se emplease en desollar una vaca, vino otro inglés y le quitó los huesos de tuétano que sacó de ella (de los cuales hacen grande caso estas gentes) y se llamaron en duelo los dos; con que llegando al lugar destinado de su refriega, sacó más presto el inglés su alfanje y le tiró por detrás un golpe; de modo que cayó muerto al improviso. Los otros franceses, queriendo vengarse de tal acción, se levantaron contra los ingleses; pero Morgan apaciguó al punto toda la llama; mandando que al malhechor le atasen de pies y manos, y que de aquel modo le llevasen a Jamaica; prometiendo a todos que en llegando haría justicia, pues aunque le era permitido de llamar en duelo a su contrario, no le era lícito matarle a traición como lo hizo.

Después que todo fue dispuesto, embarcado y los prisioneros sueltos, alargaron las velas enderezándose a una isla, en la cual Morgan debía disponer el repartimiento de todos sus pillajes; que llegando, hallaron cerca de 50.000 pesos, tanto en moneda como en alhajas. Fue grande el sentimiento y pena que tuvieron de ver tan tenue presa, pues no les bastaba para pagar sus deudas en Jamaica, y así Morgan les propuso de discurrir alguna nueva empresa y pillaje antes que llegasen a su tierra; pero no pudiéndose los franceses acordar con los ingleses se separaron, dejando a Morgan solo con los de su nación, no bastándole las repetidas instancias para reducirlos a proseguir en su compañía; y así con señales exteriores de amistad se separaron, y el caudillo les dijo que no faltaría de ninguna manera a hacer justicia en el sobre dicho criminal, lo que cumplió, pues llegando a Jamaica le hizo ahorcar, según su promesa.

Capítulo VI. Toma resolución Morgan de ir a embestir y despojar la ciudad de Portobelo; arma y prepara una flota y con ella señoréase a poca costa y fuerza de dicha plaza

Parecía que después que los franceses dejaron a Morgan, los ingleses no tenían brío para emprender tan grandes cosas como de antes, mas Morgan que participaba su ánimo con sus solas razones, les dio tal coraje, cuanto fue bastante para no desmayar en sus propósitos, haciéndoles grandes promesas en caso que cada uno quisiese ejecutar sus órdenes, que sería (así decía) el medio de adquirir grandes riquezas. Movióles la voluntad esto tanto, que con intrépidos ánimos le siguieron. Hizo lo mismo un cierto pirata de Campeche que se fue con Morgan a buscar mejor fortuna que la que él por sí solo hacía; de modo que juntó en todo nueve velas, entre navíos y barcas grandes, con cuatrocientos sesenta hombres militares.

Después que hubo puesto en orden todas las cosas, se fueron a la mar sin que Morgan comunicase a nadie su designio por entonces, sino es dando buenas esperanzas de que tenía por indubitable hacer buena fortuna, si las cosas no mudaban el curso de sus designios. Pusieron la proa hacia la tierra firme, que en pocos días descubrieron, hallándose en Costa Rica, con toda su flota enteramente, y así que descubrieron el país, Morgan declaró sus intentos a todos sus capitanes y después a todos los demás compañeros. Díjoles determinaba acometer Portobelo y que esto lo ejecutaría de noche, deseando saquear todo y la ciudad, sin reserva de lo más escondido, y proponía para dar ánimo que la empresa les produciría bien, pues nadie estaba advertido de su llegada. Algunos respondieron sobre esto que no tenían bastante gente para el asalto de una tan grande y fuerte ciudad, con que replicó Morgan: Si el número es corto, los ánimos son grandes, y mientras menos personas, más unión y mayores porciones en el expolio. Concluyóles la ambición de las futuras riquezas y fueron todos unánimes en ello. Y a fin que mejor se pueda conocer y entender este incomparable atrevimiento, será necesario hacer una breve declaración de lo que esta ciudad es.

En Costa Rica, sobre la altura de 10 grados, latitud septentrional, está situada la ciudad de Portobelo, 14 leguas del golfo de Darién y 8 del lado de occidente, del Nombre de Dios. Es la más fuerte plaza que el rey de España posee en todas las Indias occidentales, excepto La Habana y Cartagena. Defiéndenla dos castillos inexpugnables que están a la entrada del puerto, de modo que pueden defender la ciudad y no dejar entrar navío ni barca alguna si no fuere con permisión. Tiene siempre de guarnición trescientos soldados y cuatrocientos vecinos que perpetuamente la habitan. Los mercaderes no se hallan allí, sino es cuando los galeones de España llegan, a causa que el aire es muy malsano, por los vapores que exhalan las montañas, y aunque dichos mercaderes tienen sus almacenes en Portobelo, no obstante, su residencia es en Panamá, de donde hacen traer la plata sobre mulos en tiempo que la feria debe comenzar y cuando los navíos que llegan de Grillos, vienen para vender esclavos.

Morgan, que sabía muy bien las entradas y salidas de esta ciudad, y de las costas a ella cercanas, llegó al anochecer al Puerto de Naos, que está 10 leguas del lado del poniente de Portobelo, y llegados allí, subieron por la ribera hasta Puerto Pontín, donde ancoraron saltando al punto en barcas y canoas y dejando solamente en los navíos alguna gente para guardarlos y el día siguiente llevarlos al puerto. Cerca de la medianoche fueron a un lugar llamado Estera longa lemos, en el cual salieron a tierra y caminaron hasta los primeros puestos de la ciudad. Tenían consigo cierto inglés que estuvo prisionero en aquel país, el cual les servía de guía, que acompañado de tres o cuatro personas fueron a tomar al centinela, que sutilmente agarraron, sin que hubiese podido tirar algún mosquetazo, ni hacer ruido alguno; a quien ataron las manos y trajeron a la presencia de Morgan, que le preguntó: ¿Cómo van las cosas en la ciudad? ¿qué fuerzas tiene? y otras circunstancias que quiso descubrir. Después de todas estas y otras preguntas, le hicieron mil amenazas de matarle si conocían no ser verdad lo que había respondido. Comenzaron a marchar llevando siempre dicho centinela maniatado; y habiendo caminado un cuarto de legua, llegaron a la fortaleza, que está cerca de la ciudad, a la cual circunvalaron, de suerte que persona no pudo salir ni escapar.

Hizo Morgan decir a los de la fortaleza que se rindiesen y entregasen a su mando, a pena de ser todos hechos pedazos, sin que alguno obtuviese cuartel. No quisieron entender nada los de dentro y comenzaron a cañonear para advertir la ciudad, que se puso al momento en alarma. Y aunque el gobernador y soldados de dicho castillo hicieron grande resistencia, no obstante se vieron obligados a rendirse a los piratas, los cuales luego que la tomaron, pusieron fuego al pañol de la pólvora y la hicieron saltar en el aire con todos los españoles que estaban dentro. Siguieron al instante su curso echándose sobre la ciudad, que no la hallaron aún toda en orden. Muchos de los ciudadanos echaron sus más preciosos bienes en cisternas y en otros lugares subterráneos, por evitar cuanto pudieron el no ser totalmente robados. Corrió un partido de piratas hacia los claustros, haciendo a todos los religiosos y monjas prisioneros. El gobernador se retiró a uno de los otros castillos y de allí mando muchas balas a los piratas, los cuales, no siendo perezosos, se defendieron con grande valor, mirando siempre a las bocas de la artillería, de modo que cuando las cargaban perdieron siempre los españoles uno de los suyos.

Duró esta batalla de una y otra parte, prolijamente desde el alba hasta el mediodía, estando muy disputable; y los piratas viendo que habían ya perdido mucha de su gente, sin poder obtener nada, ni ganar dichos castillos, comenzaron a echar granadas a la mano e intentaron quemar las puertas del castillo, que llegando a ejecutar, los españoles desde arriba dejaron caer grande cantidad de piedras y pucheros llenos de pólvora. Viendo Morgan esta generosa defensa de los españoles, comenzaba a desmayar y desesperar el buen suceso de sus empresas. Entre estas flacas meditaciones vio de lejos el estandarte inglés enarbolado en el castillo pequeño y una tropa de su gente que venía gritando: ¡Victoria!, ¡victoria!; que le dio ánimo y esfuerzo para entrar en la ciudad, buscando nuevas invenciones con que ganar las otras fortalezas; pues que todos los principales ciudadanos se habían retirado a ellas con sus mejores bienes y con todos los vasos sagrados y otros destinados al culto de las iglesias.

Dispuso Morgan hacer con presteza diez o doce escalas, de tal anchura que tres o cuatro personas a la par pudiesen subir por ellas, y mandó a todos los religiosos y religiosas, sus prisioneros, las plantasen contra las murallas de la fortaleza, lo cual advirtió antes al gobernador, haría en caso que no quisiese rendirse, a que respondió que jamás se rendiría sino muerto. Morgan se imaginaba que dicho gobernador no emplearía sus mayores fuerzas, viendo mujeres, religiosas y eclesiásticos expuestos al reparo de todo el peligro; puso entre las manos de estos dos sexos dichas escalas, haciéndoselas levantar y arrimar a las murallas delante de sus tropas. Engañóse Morgan en este designio, porque el gobernador no rehusó diligencia alguna para arruinar cuantos se le acercaban haciendo como bravo soldado. Los religiosos le gritaban y rogaban por todos los santos del cielo rindiese el castillo para salvarse ellos, y las pobres monjas la vida, mas no lo pudieron remediar por la obstinación de dicho gobernador. Finalmente, con pérdida de muchos religiosos y monjas arrimaron las escalas y los piratas subieron en muchedumbre con grande fuerza, teniendo granadas de fuego, y pucheros llenos de pólvora en las manos, todo lo cual echaron dentro encendido.

La fuerza de los enemigos era grande, de modo que los españoles no pudieron más resistir, con que echaron las armas en tierra y pidieron cuartel fuera del gobernador, el cual mató a muchos de sus propios soldados y no a menos enemigos; y aunque los piratas le preguntaron si pedía cuartel, respondió: De ninguna manera, porque más vale morir como soldado honrado, que ser ahorcado como cobarde. Procuraban hacerle prisionero, mas se defendió de modo que fue forzoso matarle, no bastando los ruegos y lágrimas de su propia esposa e hija, que le pedían quisiese guardar la vida y pedir cuartel. Cuando hubo quedado el castillo totalmente en poder de piratas (que fue cerca del anochecer), condujeron todos los prisioneros dentro, poniendo hombres y mujeres separados con algunas guardas suyas. Llevaron también a todos los heridos a otro departamento para que sus lamentaciones fuesen la cura de sus males.

Hecho todo esto, comenzaron a comer con buen apetito y beber como mangas; a que se siguió la insolencia y sucios abrazos con muchas honestísimas mujeres y doncellas, que amenazadas con el cuchillo entregaron sus cuerpos a la violencia de tan desalmados hombres. De tal modo se entregaron en los actos venéreos que, si en aquella ocasión hubiera cincuenta hombres solamente con ánimos valerosos, podrían con facilidad a todos los piratas. El día siguiente juntaron todo lo que habían robado, algunos de sus prisioneros (a quienes los otros compañeros persuadieron de decir eran los más ricos de entre ellos), y los dijeron descubriesen sus riquezas y bienes, que no pudiendo mostrarlas como se les proponía, los pusieron en tormentos, tales, que a muchos con ellos les dieron la muerte. Supo el presidente de Panamá la toma y ruina de Portobelo, y empleó toda su industria y fuerzas para juntar gente, con ánimo de perseguir y echar de allí a los piratas, que no les daban mucho cuidado estas diligencias, pues tenían cerca sus navíos y estaban unánimes de pegar fuego a toda la ciudad y retirarse después de haber dominado quince días, y muerto muchos, tanto por la enfermedad del país, cuanto por excesos inicuos.

Prepararon la partida, llevando todo el pillaje a bordo de sus navíos, siendo la primera cosa, vituallas suficientísimas para su sustento. Mientras esto se disponía, hizo Morgan advertir a todos los prisioneros le diesen tributo de quema, a pena de reducirla en cenizas y hacer saltar en el aire todos los castillos; diciéndolos que enviasen dos personas para ir a buscar dichas sumas, que importaban (según su demanda) 100.000 reales de a ocho. Fuéronse, en fin, dos hombres al presidente de Panamá y le contaron todas estas tragedias, el cual tenía ya armada mucha gente, con que al punto se vino a buscar los piratas, que estando advertidos de su venida salieron a recibirle a un paso estrecho, por el cual debía pasar, poniendo en él cien hombres bien armados que deshicieron una buena parte de los de Panamá y obligó al dicho presidente a retirarse, y enviando a Morgan, Que si no se iba con toda su gente de Portobelo, no debía aguardar cuartel alguno, ni sus camaradas, cuando (como bien presto esperaba) los hubiese cogido. Morgan, que no temía de tales amenazas por fiarse en el refugio de sus navíos, que los tenía cercanos, respondió: No rendiré las fortalezas antes que el dinero de contribución le fuese contado; y si no quemaría toda la ciudad, y entonces la dejaría; arruinando también los castillos y muertos los prisioneros.

Veía el gobernador que le faltaban los medios de ablandar y reducir a los piratas, con que se determinó a dejarlos, y a los de la ciudad, en los embarazos de haberse de acordar con sus enemigos lo mejor que pudieran y así, en pocos días, los míseros ciudadanos buscaron la contribución en que estaban multados, que montaba hasta los 100.000 reales de a ocho, y los llevaron a los piratas, para verse libres del cruel cautiverio en que habían caído. Era grande la admiración del dicho presidente de Panamá, considerando que cuatrocientos hombres hubiesen podido tomar una tan grande ciudad y tales fortalezas, no teniendo alguna artillería, sino solo armas a la mano; y lo que más es, con la grande opinión que los ciudadanos tenían de ser por sí grandes soldados, a quienes jamás les había faltado ánimo. Envió un hombre de su parte a Morgan, pidiéndole le hiciese favor de enviarle una de sus armas, con las cuales había tomado, con tal fuerza, una tan grande ciudad. Fue también recibido por Morgan el mensajero, a quien trató con mucho honor y después le entregó una pistola y algunas balas de plomo que llevase al presidente, su amo, diciéndole que le pedía aceptase aquella señal de sus armas, que era una de las que empleó en la toma de Portobelo, suplicándole la guardase por un año, que pasado, vendría él mismo a buscarla. Volvióle el gobernador a enviar dicho presente, dándole gracias de la emprestada dádiva y generoso le remitió una sortija de oro, respondiéndole no tomase el trabajo de tornar, como hizo a Portobelo, pues la certificaba no hallaría dicha plaza en el estado que aquella vez halló.

Después Morgan (habiendo proveído sus navíos de todo lo necesario, y tomado para sí las mejores piezas de artillería de las fortalezas, y clavado el resto, que no podía llevar por no hallar lugar donde ponerlas) partió con su flota, con la cual en poco tiempo llegó a la isla de Cuba, donde buscó lugar apto para que en reposo se hiciesen las reparticiones del expolio que traían. Hallaron en dinero de contado doscientas y cincuenta mil piezas de a ocho, fuera de otras mercadurías, como paños, lienzos, seda y otros bienes, con que salieron triunfantes para su ladronera Jamaica a pasar algún poco de tiempo en vicios, a costa de los sudores y trabajos de quien ganó para que ellos robasen.

Capítulo VII. Toma Morgan la ciudad de Maracaibo, situada del lado de la Nueva Venezuela. Piraterías que se cometieron en sus mares y ruina de tres navíos españoles que habían salido a impedir los corsos de piratas

Poco tiempo después de la llegada a Jamaica, que fue en el que los piratas hubieron gastado toda la riqueza sobredicha, volvieron a resolverse a otra empresa y nueva fortuna. Dio para efectuarlo orden Morgan a todos los capitanes de sus navíos de juntarse en la isla de la Vaca, situada al lado del sur de la isla Española, como en lo precedente hicimos mención. Juntos que fueron se le agregaron después cantidad de otros piratas, tanto franceses como ingleses, por razón que el nombre de Morgan era muy notorio en todas las regiones circunvecinas, a causa de los grandes frutos de sus empresas. Estaba aún en Jamaica un navío inglés, que había venido de la Nueva Inglaterra armado con treinta y seis piezas de artillería, el cual por orden del gobernador vino a juntarse con Morgan para fortificar su flota y darle mayor ánimo de emprender cosas de consecuencia. Veíase dicho caudillo fuerte, cuanto podía desear, por ver un navío de tanta importancia (era el mayor de toda su flota) en su favor; y estando allí otro de veinticuatro piezas de hierro y doce de bronce, perteneciente a los franceses, procuró Morgan agregarle a los suyos, mas no fiándose los franceses de los ingleses, el capitán los rehusó.

Estos tales habían encontrado en la mar un navío inglés, y teniendo necesidad de vituallas tomó una partida de las que llevaba el inglés sin dar algún dinero, sino solo una asignación para Jamaica y Tortuga. Conocía Morgan no podía ganar nada en la voluntad del capitán francés para reducirle a que le siguiese, con que se la armó industriosamente, convidándole, y a algunos de su gente, para comer en su mayor navío; y llegado al convite, los hizo a todos prisioneros con pretexto de pretensiones que alegaba contra ellos: por haber hecho molestia al navío que encontraron, del cual tomaron vituallas sin pagar.

Inmediatamente juntó consejo Morgan para deliberar qué plaza sería la primera acometida; determinaron de ir hacia la isla Savona para asaltar a cualquier navío español que por mala fortuna se separase de la flota que se aguardaba de España. Comenzaron a festejar la salida del buen consejo brindando a la salud del rey de Inglaterra, a su buen viaje y otras; pero no duró largo tiempo el alborozo sin mezcla de un funesto suceso: fue, que a cada brindis disparaban un tiro, y su mala fortuna quiso que una chispa cayera en el pañol de la pólvora, que hizo saltar el navío en el aire, con tresciento cincuenta ingleses, además de los franceses que estaban prisioneros, de todos los cuales no escaparon más que cerca de treinta, que se hallaban detrás en la cámara de popa, porque los ingleses acostumbraban a hacer su pañol en la proa y verdaderamente habrían escapado más si no hubieran ya estado borrachos del todo.

La pérdida de un tan grande navío fue la causa que los ingleses se hallaban en conflicto. Acusaban a los franceses de haber puesto fuego en la pólvora del navío perdido y que tenían intención de piratear sobre ellos con una comisión que les hallaron del gobernador de Barbacoa cuando tomaron su navío, cuya expresión era: Que dicho gobernador les permitía cruzar sobre los ingleses, en cualquiera parte que los hallasen, por causa de la multitud de insolencias que habían cometido contra los vasallos de su majestad católica en tiempo de paz entre estas dos coronas. Y aunque a la verdad, dicha comisión no era fundamentalmente para piratear sobre los ingleses, sino para traficar con los españoles (según el capitán francés decía), no obstante no podía justificarse, y así los ingleses se fueron con su navío a Jamaica, en el cual dicho capitán francés fue, y llegando alegaba ante la justicia la restitución de su navío, pero en lugar de volvérsele le detuvieron prisionero, con amenazas de ahorcarle.

Ocho días después de la pérdida del navío, Morgan, instigado de su ordinario humor de crueldad y avaricia, hizo buscar sobre las aguas de la mar los cuerpos de los míseros que habían perecido, no con la humanidad de enterrarlos, si bien por la mezquindad de sacar algo bueno en sus vestidos y adornos; si hallaban alguno con sortijas de oro en los dedos, se los cortaban para sacarlas y los dejaban en aquel estado, expuestos a la voracidad de los peces. Finalmente, proseguían con la intención de llegar a la isla de Savona, que era el lugar de su asignación. Eran en todos quince navíos, estando Morgan en el mayor, armado de catorce piezas de artillería, y toda la gente que componía la flota consistía en el número de seiscientos hombres, y con él llegaron en pocos días después a la isla llamada Cabo de Lobos, del lado del sur de la isla Española, entre el Cabo de Tiburón y Punta de Espada, no pudiendo pasar de allí a causa de vientos contrarios en el espacio de tres semanas que duraron, por grandes diligencias que Morgan hizo, ni por mañanas que usase. Al fin de dicho tiempo montaron el cabo, desde donde vieron un navío inglés a lo lejos, que habiéndole abordado, supieron venía de Inglaterra, y compraron de él lo que habían menester de vituallas.

Prosiguió Morgan su curso hasta el puerto de Ocoa, donde echó pie a tierra enviando alguna de su gente a buscar agua y los víveres que pudiesen recoger para mejor ahorrar los que la flota traía; mataron muchos animales, y entre ellos algunos caballos, pero los españoles, mal contentos de esto, intentaron armar una treta a los piratas, e hicieron venir trescientos o cuatrocientos soldados de Santo Domingo (que está de allí muy cerca) y los pidieron cazasen en todos los contornos cerca de la mar y arriba en los bosques a fin que, volviendo cualesquiera piratas, no hallasen de qué subsistir. Volvieron en pocos días de los mismos con ánimo de cazar y no hallando a quien tirar un escopetazo, fueron entrando por las selvas cosa de cincuenta hombres. Los españoles hicieron juntar una tropa grande de vacas y pusieron por guardas dos o tres hombres, que vistas y halladas por los piratas mataron un número suficiente, y aunque los españoles veían todo esto desde lejos, no quisieron impedirlo; pero llegando el término de llevarlas, dieron tras ellos con furia y valor extraordinario gritando: ¡Mata! ¡Mata! Dejaron bien presto los piratas la presa, retirándose de tiempo en tiempo un poco, y cuando hallaron su ventaja, descargaron sobre los españoles e hicieron caer en tierra mucha parte.

Visto por los demás el desastre de los suyos procuraron huirse y llevarse consigo los cuerpos muertos y heridos de sus compañeros. No contentos los piratas de lo allí sucedido, corrieron con presteza a los bosques y mataron aún la mayor parte de los que habían quedado. El día siguiente, encarnizado Morgan de lo que había pasado, fue él mismo con doscientos hombres a buscar el resto de españoles, pero no hallando a nadie, vengó su cruel rabia en poner fuego al mayor número de casas de los pobres desolados y fugitivos, con que se volvió algo satisfecho a su navío por haber cometido algún mal, que era (y aún creo será) su sedienta ambición.

La impaciencia que Morgan había tenido aguardando una parte de sus navíos que aún no eran llegados, le hizo resolverse a alargar las velas, poniendo la proa a la isla Savona, que era su común destino; mas llegado que hubo y no hallando alguno de los navíos que estaban asignados, tuvo grande impaciencia, con ella aguardó algunos días. Entretanto, faltándole vituallas, envió una tropa de ciento cincuenta hombres a la isla Española para pillar algunas aldeas que están alrededor de Santo Domingo, pero estando advertidos los españoles de su venida, se hallaron tan listos y en tan buen orden que los piratas, temiendo la entrada, no se atrevieron a llegar, teniendo por mejor volverse a la presencia de su Morgan que perecer. Hizo revista de su gente, viendo que los otros navíos no llegaban, y halló quinientos hombres o pocos más. Los navíos que allí consigo tenían eran ocho, la mayor parte muy pequeños; y como antes de todo esto hubiesen resuelto de cruzar en las costas de Caracas y arruinar todas las villas y lugares, hallándose por entonces con tan pocas fuerzas, mudó de sentimiento por el consejo de un capitán francés que era miembro de su flota, el cual sirvió a Lolonois en semejantes empresas y en la toma de Maracaibo, y sabía bien las entradas, salidas, fuerzas y mañas, para volverlo a ejecutar en compañía de Morgan, con quien habiendo hecho relación, concluyeron volver a saquearla, estando persuadido con toda su gente de la facilidad que el francés proponía. Levantaron áncoras y se encaminaron hacia Curaçao, en cuya isla, siendo descubierta, metieron pie a tierra en otra de ella cercana que se llama Ruba, situada cerca de 12 leguas de dicha de Curaçao, al lado del occidente. Guárdanla pocos hombres, aunque los indianos que la habitan están sujetos a la corona de España y hablan español, a causa de la religión católica, que es cultivada por algunos sacerdotes que envían de la Tierra Firme.

Los moradores de esta isla tienen su comercio con piratas que llegan a ella a comprar carneros, corderos y cabras, que venden en cambio de lienzo, hilo y cosas de este género. Es muy estéril la tierra; toda la subsistencia consiste en las tres cosas sobredichas y en un poco de trigo, que no es de mala calidad. Cría muchísimos insectos ponzoñosos, como víboras y arañas, tan perniciosas, que si alguno es mordido de ellas, para librarle de la rabiosa muerte que causa tal veneno, le deben atar los pies y manos, y así dejarle veinticuatro horas por lo menos sin comer ni beber cosa que se sea. Morgan, pues, estando ancorado delante de esta tierra compró muchos carneros, corderos y la leña que le era necesaria para toda su flota; y habiendo estado allí dos días, partió de noche por no ser vista la ruta que tomaba.

El día siguiente vinieron a la mar de Maracaibo, guardándose siempre el no ser descubiertos desde Vigilia, por cuya razón ancoraron en sitio donde no podían ser percibidos. Llegado el anochecer volvieron a caminar, de modo que el día siguiente al alba, se hallaron derechamente en la Barra del

Lagón. Los españoles habían fabricado una nueva fortaleza después de la acción de Lolonois, desde la cual disparaban la artillería contra los piratas, mientras ponían su gente en barcas para saltar a tierra. El uno y otro partido se defendieron con valor y coraje todo el día entero, hasta que la noche venida Morgan llegó cerca del castillo, que habiendo examinado, no halló persona dentro; pues que los españoles le desertaron antes que los piratas llegasen, dejando una cuerda calada encendida, que tocaba a la pólvora de un pañol, creyendo que todos los piratas estando dentro, saltarían en el aire saltando el castillo; y así hubiera sucedido si tardasen aún un cuarto de hora en llegar, pues no había mecha para más largo tiempo, a lo que corrió Morgan con presteza quitándola, por cuyo medio se salvó y a toda su gente; hallando grande cantidad de pólvora, de que hizo provisión, y arruinó parte de las murallas enclavando dieciséis piezas de artillería de ocho, doce y hasta veinticuatro libras de bala. Encontró cantidad grande de mosquetes y otras municiones y pertrechos de guerra.

Mandaron el día siguiente que entrasen los navíos, entre los cuales repartieron toda la pólvora y demás cosas, y compuestas se volvieron todos a bordo para continuar el camino hacia Maracaibo. Hallaron las aguas muy bajas, con que no pudieron pasar cierto banco que estaba a la entrada del Lagon; pusieron la gente en barcas y chalupas las más ligeras, con las cuales llegaron el día siguiente por la mañana delante de Maracaibo, poniéndose en defensa de la pequeña artillería que habían podido llevar consigo. Corrieron al punto a la fortaleza llamada la Barra, que hallaron del mismo modo que la precedente sin persona, porque se habían huido todos a los bosques, dejando también la villa sin más gente que algunos miserables, los cuales no tenían nada que perder.

Luego que hubieron entrado los piratas, buscaron por todos los rincones si hallaban alguna gente escondida que los pudiese ofender, y no hallando a nadie, cada partido (según estaban los navíos) escogió casas para sí las mejores que hallaron; la iglesia, en común, fue electa para cuerpo de guardia, donde vivían a lo militar muy insolentes. El mismo día de su llegada enviaron una tropa de cien hombres buscando los moradores y sus bienes, que trajeron en parte el siguiente día en número de treinta, tanto hombres como mujeres y niños, y cincuenta mulos cargados de diversas buenas mercadurías. Pusieron en tormento a todos estos míseros prisioneros para hacerlos decir dónde estaban los demás y sus bienes. Entre las crueldades que usaron entonces, fue una el darlos tratos de cuerda y al mismo tiempo muchos golpes con palos y otros instrumentos; a otros quemaban con cuerdas caladas encendidas entre los dedos; a otros agarrotaban cuerdas alrededor de la cabeza, hasta que los hacían reventar los ojos; de modo que ejecutaron contra aquellos inocentes toda suerte de inhumanidades jamás hasta entonces imaginada. Los que no querían confesar, o que no tenían qué mostrar, murieron a manos de aquellos tiranos homicidas. Este género de tratos duraron el espacio de tres semanas, en cuyo tiempo no dejaron de salir todos los días fuera de la villa, buscando siempre a quien atormentar y robar y no volviéndose jamás sin pillaje y nuevas riquezas.

Ya que tenían cien familias aún vivas de los más principales y todos sus bienes, deliberó Morgan de ir a Gibraltar, con cuyo designio armó la flota, proveyéndola muy abundantemente. Allí puso a todos los prisioneros, y al instante levantó áncoras; y soltando velas, navegó hacia dicha plaza con resolución de arriesgar la batalla. Habían antes enviado algunos prisioneros a Gibraltar para que anunciasen a los moradores se rindiesen; donde no, Morgan los haría pasar a todos a cuchillo sin dar cuartel al más impetrante. Vino, en fin, con su flota delante de Gibraltar, de donde los españoles tiraban cantidad de gruesas balas de artillería; pero no obstante, los piratas se animaban los unos a los otros diciendo: Menester es que primero comamos con un poco de amargura para que después lleguemos a gustar con favor el dulzor del azúcar.

Echaron el día siguiente toda la gente en tierra cuando amanecía y guiados del francés que dijimos, no caminaron por la senda ordinaria, mas atravesando los bosques, llegaron a Gibraltar por la parte que no creían los moradores, si bien antes habían hecho muestra de caminar derechos para mejor engañar a los españoles, que viéndose poco fuertes y acordándose de lo que dos años había les pasó con Lolonois, se huyeron del mejor modo que pudieron, llevándose consigo toda la pólvora y dejando clavada y por tierra toda la artillería, de modo que los piratas no hallaron personas en la aldea sino es a un pobre tonto, a quien preguntaron dónde se habían huido los moradores y en qué parte estaban sus bienes encubiertos, respondió a todo no sabía nada. Diéronle trato de cuerda estropeándole, con que a fuerza de tormentos gritaba diciendo: No me atormentéis más. Venid, yo os mostraré mis muebles y mi dinero. Creían era una persona rica que se había disfrazado en vestidos pobres y en lengua necia, con que se fueron con él y les guió a una desdichada casilla, en la cual tenía algunos platos de tierra y otras cosillas de poco momento y, entre ellas, 3 reales de a ocho, que había encubierto con las demás chucherías debajo de tierra. Preguntáronle después su nombre, y el bobo dijo: Llámome don Sebastián Sánchez, y soy hermano del gobernador de Maracaibo. Oído que hubieron al pobre desdichado, le volvieron a poner en tormentos levantándole en el aire con cuerdas y atándole a los pies y cuello grandes pesos; le quemaban pegadas a la cara hojas de palma, con que en media hora murió. Cortaron después las cuerdas de que estaba colgando, y arrastraron el cuerpo al bosque, donde le dejaron sin enterrarle.

El mismo día salió un partido de piratas a buscar en quien emplear sus infames horas, y volvieron con un honesto labrador y dos hijas suyas que hicieron prisioneros, a los cuales (según su costumbre) querían martirizar en caso que no mostraran los lugares en que estaban los otros commoradores. Sabía dicho labrador de algunos, en busca de los cuales fue con los tiranos piratas. Mas los españoles percibiéndose corrían por todas partes sus enemigos, se habían escapado de allí mucho más lejos, entre bosques casi impenetrables, en los cuales hicieron chozas para preservar de las inclemencias del tiempo los pocos bienes que pudieron consigo transportar. Creyendo, pues, los piratas ser engañados por el labrador, se encolerizaron rabiosamente contra él (no obstante todas las excusas que el pobre hombre hacía y las humildísimas súplicas para que le acordasen la vida) y le ahorcaron de un árbol.

Dividiéronse después en diversas tropas y corrieron a los plantíos, conociendo que los españoles retirados no podían vivir en los bosques de lo que en ellos podían hallar, sin que se viesen obligados a venir buscando víveres a sus dichos plantíos. Hallaron un esclavo, a quien prometieron montes de oro y que le llevarían a Jamaica haciéndole libre, en caso que quisiese mostrar los sitios donde estaban los de Gibraltar. Condújoles a una tropa de españoles que hicieron prisioneros, mandando a dicho esclavo matase algunos para que por este delito se viese obligado a no dejar su infame compañía. Cometió el negro mucho mal contra los españoles y siguió las infortunadas trazas de los piratas, que al cabo de ocho días volvieron a Gibraltar con muchos prisioneros y algunos mulos cargados de riquezas. Preguntaron a cada prisionero aparte (eran en todos cosa de doscientos cincuenta) dónde tenían el resto de sus bienes y si sabían de los otros. Los que no quisieron confesar fueron atormentados de un horrible modo. Había entre ellos un portugués, al cual cierto negro hacía pasar por muy rico; pidiéronle sus riquezas, a que respondió, no tenía en este mundo más que 100 reales de a ocho, los cuales un mozo suyo se los había robado dos días antes, y aunque con juramentos protestaba ser así, no le creyeron; mas tomándole sin consideración de su vejez, que era de sesenta años, le dieron trato de cuerda rompiéndole los brazos por detrás de las espaldas.

Después no declarando más o no pudiendo, le dieron otro género de tormento peor y más bárbaro que el precedente, colgándole de los cuatro dedos gordos, de manos y pies, a cuatro estacas altas donde ataron las cuerdas, tirando por ellas como por clavija de arpa; con palos fuertes daban a toda fuerza en dichas cuatro cuerdas, de modo que el cuerpo de dicho miserable paciente reventaba de dolores inmensos. No contentos aún de tan cruel tortura, cogieron una piedra que pesaba más de 200 libras y se la pusieron brutalmente encima del vientre, y tomando hojas de palma, las encendían aplicándolas a la cara del desdichado portugués, que ella y sus cabellos se abrasaron. Pero viendo los tiranos que aún con tales vejaciones se estaba en su propósito, le desataron y medio muerto le llevaron a la iglesia (que era por entonces su cuerpo de guardia) y en ella le amarraron a un pilar, donde le dejaron sin comer ni beber, sino muy tenuísimamente, lo que bastaba para vivir, pensando algunos días en que esperaban, descubriría algún tesoro; y habiendo pasado así cuatro o cinco rogó que alguno de los otros prisioneros viniese una vez a hablarle, por medio de quien trataría de buscar dinero para satisfacer su demanda. Vino el tal prisionero que pedía e hizo prometer a los piratas 500 reales de a ocho; pero ellos se hacían sordos a tan corta suma, y en lugar de aceptarla, le dieron muchos palos, respondiéndole: Cuando dices quinientos, es menester digas quinientos mil, y si no te costará la vida. Finalmente, después de muchísimas protestaciones de que era miserable hombre y pobre tabernero, se acordó con ellos en 1.000 pesos, que en poco tiempo hizo buscar, y entregándoselos quedó libre, aunque tan mal tratado, que no sé si con tantos males podría vivir largas horas.

No acabó de sufrir el portugués lo que con otros infelices pasaron de crueldades, inventadas por el infernal consejo de espíritu de aquellos desalmados, pues a unos colgaron por los compañones, dejándolos de aquel modo hasta que caían por tierra, desgarrándose de sí mismas las partes verecundas; y si con eso inmediatamente no morían, los atravesaban las espadas por el cuerpo, mas, cuando no lo hacían, solían durar cuatro o cinco días agonizantes. A otros los crucificaban, y con torcidas encendidas les pegaban fuego entre las junturas digitales de manos y pies; a algunos les metían los pies en el fuego y de aquel modo los dejaban asar. Cuando hubieron hecho estas y otras tragedias con los blancos, comenzaron con los negros esclavos, a quienes trataron no con menos rigor que a sus amos.

Hubo un esclavo que prometió a Morgan conducirle a la ribera que está en el Lagón, en la cual se hallaba un navío y cuatro barcas ricamente cargadas, que pertenecían a los de Maracaibo. Descubrió el mismo esclavo la parte donde el gobernador de Gibraltar estaba con la mayor parte de mujeres del lugar; pero todo esto declaró por las amenazas que le hicieron de ahorcarle si no decía lo que sabía. Enviaron al punto doscientos hombres en dos saetías hacia la sobredicha ribera, buscando lo que les era dicho por el esclavo, y Morgan en persona con trescientos cincuenta hombres, fue a coger al gobernador, quien, estando retirado en una isleta que está en medio de la ribera y en ella hecho una fortaleza lo mejor que le fue posible para su defensa, y sabiendo, de buena parte, venía Morgan con grande fuerza en busca suya, se retiró sobre una montaña que no estaba lejos de allí, a la cual no se podía subir sino por un paso muy estrecho; de tal modo que quien pretendiese el ascenso debía hacer pasar su gente uno a uno. Tardó dos días en llegar Morgan a la isleta sobredicha, y hubiera proseguido hasta la montaña, si no fuese que le anunciaron la imposibilidad que hallaría de vencer la subida, no solo por lo agrio de la senda, sino también porque el gobernador estaba muy bien preparado de municiones de guerra arriba; además que el cielo envió una tan grande lluvia que todo el bagaje de los piratas y la pólvora estaban echados a perder, y de entre ellos se perdieron muchos, pasando una ribera que por las avenidas de tantas lluvias salió de madre, y en ella perecieron algunas mujeres y niños, y muchos mulos cargados de plata y otros bienes, que al ir en la campaña habían robado de los moradores fugitivos. De modo que todo estaba muy maltratado y sus personas no menos arruinadas, con que si por entonces los españoles hubiesen tenido una tropa de cincuenta hombres con picas o lanzas, podrían destruir a los piratas enteramente sin tener con qué resistirse; mas el temor que los españoles concibieron desde el principio fue tal, que solo oyendo el rumor de las hojas de los árboles en los bosques se imaginaban eran ladrones. Finalmente, después que los piratas hubieron corrido algunas veces media hora en el agua metidos hasta la cintura, se salvaron por la mayor parte, pero las mujeres y criaturas prisioneras murieron casi todas.

Pasados doce días de su partida en busca del gobernador, volvieron a Gibraltar con muchos prisioneros. Dos días después llegaron también las saetías que fueron a la ribera, trayéndose consigo cuatro barcas y algunos prisioneros, aunque las más mercadurías que dichas barcas habían tenido, no las hallaron ya dentro cuando las tomaron, por razón que, siendo advertidos los españoles de la salida de los piratas en busca de ellas, las descargaron con presteza con ánimo de que habiéndolas aliviado de la carga totalmente, las pondrían fuego. No se dieron tanta prisa los españoles a poner estas cosas en orden tan conveniente, que no dejasen aún mucha parte de bienes dentro del navío y barcas, y se vieron obligados a huirse, dejando a los piratas razonable presa, que condujeron a Gibraltar, donde después de haber hecho diversas insolencias, muertes, saqueos, estupros y otras semejantes, en cinco semanas que allí acamparon, resolvieron la partida dando (por última prueba de sus picardías) orden a algunos prisioneros saliesen a buscar tributo de quema; donde no, abrasarían hasta las piedras de los cimientos. Salieron los pobres afligidos y después que hubieron girado todos los contornos buscando los commoradores, volvieron diciendo a Morgan no habían podido hallar casi persona, y que a los que hallaron propusieron su demanda, a que respondieron que el gobernador les había defendido el dar algún tributo de quema, mas que no obstante le agradase tener un poco de paciencia, que entre ellos recogerían la suma de 5.000 reales de a ocho y que por el resto le darían algunos de ellos mismos en prendas que llevaría consigo a Maracaibo, hasta que fuese satisfecho del todo.

Como hubiese Morgan estado largo tiempo fuera de la villa, y conociendo que los españoles habían tenido tiempo suficiente para hacerse fuertes, e impedirles la salida del Lagón, les acordó la proposición sobredicha y se dio prisa a hacer poner en orden todo lo necesario para su salida. Dio libertad a todos los prisioneros, después de haberse rescatado; pero detuvo todos los esclavos consigo. Diéronle las cuatro personas del acuerdo, en prendas de lo que se le debía aún enviar, y le pedían el esclavo (de quien en lo precedente hicimos relación) queriéndole bien pagar; mas Morgan no quiso rendirle por el temor que no le quemasen vivo, según sus méritos. Levantaron al fin las áncoras y dieron a la vela con la mayor celeridad que pudieron, encaminándose hacia Maracaibo, donde llegaron en cuatro días hallaron las cosas en el mismo estado que las dejaron cuando salieron. Recibieron allí una nueva de la boca de un miserable viejo enfermo que, solo, moraba en la villa, el cual dijo estaban tres navíos de guerra españoles a la entrada del Lagón aguardando saliesen, y que al castillo le habían prevenido muy bien de artillería y otros pertrechos, tanto de gente como de municiones y víveres.

No le dejó de causar alteración a Morgan la relación del viejo, y envió a una de sus barcas, la más ágil, hacia el puerto, para reconocer lo que en él había. El día siguiente volvió confirmando lo que les era relatado, y que vieron los navíos tan de cerca, que estuvieron en peligro de ser sumergidos por los balazos de artillería que les tiraron. Dijeron que el navío mayor era de cuarenta piezas, el otro de treinta y el menor de veinticuatro. Sobrepasaba esta fuerza a todas las de Morgan, y así causó común consternación a todos los piratas, de los cuales el mayor navío no estaba armado mas que de catorce piezas. Parecíales a todos que Morgan estaba fuera de esperanza, considerándose el ser forzoso atravesar por lo agrio de aquellos tres fuertes navíos y del castillo o perecer. Para escapar por mar o por tierra no hallaban ocasión y hubieran más estimado que los tres navíos vinieran a buscarlos a la villa que se quedasen a la entrada del Lagón, donde temían la ruina de su flota, que consistía la mayor parte en barcas.

Siéndoles preciso hacer como pudiesen, cobró Morgan nuevo coraje y envió un español al gobernador y general de los tres navíos, pidiéndole tributo de incendio de la parte de la villa de Maracaibo; el cual volviendo dos días después, trató a Morgan una carta de dicho general, del tenor siguiente:

Carta de don Alonso del Campo y Espinosa, almirante de la flota de España, a Morgan, caudillo de piratas

Habiendo entendido por nuestros amigos y circunvecinos las nuevas de que habéis osado emprender el hacer hostilidades en las tierras, ciudades, villas y lugares pertenecientes a la dominación de su majestad católica, mi señor; yo he venido aquí, según mi obligación, cerca del castillo que vos habéis tomado del poder de un partido de cobardes poltrones, al cual he hecho asentar, y poner en orden la artillería que vos habíades echado por tierra. Mi intención es disputaros la salida del Lagón y seguiros por todas partes, a fin de mostraros mi deber. No obstante, si queréis rendir con humildad todo lo que habéis tomado, los esclavos y otros prisioneros, os dejaré benignamente salir, con tal que os retiréis a vuestro país; mas, en caso que queráis oponeros a esta mi proposición, os aseguro que haré venir barcas de Caracas y en ellas pondré mis tropas, que enviaré a Maracaibo para haceros perecer a todos por los filos de la espada. Veis aquí mi última resolución. Sed prudentes en no abusar de mi bondad con ingratitud. Yo tengo conmigo buenos soldados, que no anhelan si no es a tomar venganza de vos y de vuestra gente, y de las crueldades y pícaras acciones que habéis cometido contra la nación española de la América. Fecho en mi real navío, la Magdalena, que está al áncora en la entrada del Lagón de Maracaibo, en 24 de abril de 1669 años,

Don Alonso del Campo, y Espinosa.

Así como Morgan recibió esta carta hizo juntar toda su gente en la plaza del mercado de Maracaibo, y después de haberla leído en francés y en inglés, pidió resoluciones sobre la materia y si estimarían más rendir todo lo que habían tomado para conseguir libertad, que pelear.

Respondieron igualmente todos los piratas, que amaban sin comparación pelear derramando hasta la última gota de sangre de sus venas, que rendir tan ligeramente la presa que habían tomado con tantos riesgos de la vida. Había entre ellos uno que dijo a Morgan: Yo me atrevo a arruinar el mayor de los navíos con el número de doce personas. La manera será haciendo un brulot o navío de fuego, del que tomamos en la ribera de Gibraltar. Para que no sea conocido por brulot, pondremos de un lado y otro piezas de madera, con monteras y sombreros encima para engañar a la vista desde lejos en la representación de hombres; lo mismo haremos en las portiñolas que sirven a la artillería, que llenaremos de cañones contrahechos. El estandarte será de guerra, desplegado al modo de quien convida al combate. Estando esta proposición entendida por la junta, fue admitida por todos, aunque los temores no estaban disipados.

Quisieron, no obstante, probar si podían acordarse con don Alonso, proponiéndole lo siguiente por medio de dos personas que Morgan le envió, diciendo: Dejaremos a Maracaibo sin hacer algún daño, ni pedir tributo de incendio; pondremos en libertad la mitad de los esclavos y todos los prisioneros sin que paguen algún rescate; enviaremos los cuatro principales moradores que tenemos en prendas de las contribuciones que nos han prometido los de Gibraltar. Oído que hubo don Alonso esto de la parte de los piratas, respondió no quería entender una palabra más sobre tales propósitos; sino al contrario, que si aguardaban aun dos días para rendirse voluntariamente entre sus manos, debajo de las condiciones que les había ofrecido, les vendría a rendir por fuerza.

Así como Morgan entendió las resoluciones de don Alonso, hizo poner en orden todas las cosas para pelear y salir con violencia del Lagón, sin rendir alguna cosa. Hicieron, primeramente, guardar y atar bien los prisioneros y esclavos; después recogieron toda la pez y azufre que se pudo hallar en la villa para aprestar el brulot sobredicho y dispusieron otras invenciones de pólvora y azufre, como hojas de palma bien embreadas en alquitrán; dispusieron el cubrir las pipas de la artillería, debajo de cada una había seis cartuchos de pólvora; aserraron la mitad de las obras muertas del navío, a fin que la pólvora hiciese mejor su operación; fabricaron nuevas portiñolas donde pusieron, en lugar de artillería, tamboriles de negros; en los bordes plantaron piezas de madera, que cada una representaba un hombre con su sombrero o montera, bien armados de mosquetes, espadas y charpas.

Estando de este modo preparado el brulot se dispusieron todos para ir a la entrada del puerto. Metieron todos los prisioneros en una grande barca, y en otra todas las mujeres y cuanta plata, joyas y otras cosas ricas tenían. En algunas todos los fardos de mercaduría y cosas de mayor bulto. En cada una de estas barcas había doce hombres bien armados. Tenía orden el brulot de ir delante para arrojarse sobre el gran navío. Ordenado todo, Morgan tomó juramento a todos sus camaradas, protestando defenderse de los españoles hasta la última gota de su sangre, sin pedir cuartel de ningún modo, prometiendo que quien se defendiera de tal manera sería grandemente recompensado.

Con estas disposiciones y briosa resolución dieron a la vela y fueron a buscar los españoles en treinta de abril del año 1669. Hallaron toda la flota española en medio del puerto amarrada al áncora, y Morgan (por ser ya tarde y casi oscuro) hizo echar al agua todas las áncoras de su flota, con ánimo de pelear desde allí de noche, si les convidaban a la pelea. Ordenó se tuviese por todo buena y vigilante guardia hasta el alba, que (habiendo estado los unos de los otros un tiro de artillería) levantaron su curso derecho hacia los españoles; los cuales, viendo sus movimientos, hicieron lo mismo. El brulote, yendo delante, se metió contra el gran navío, donde se acostó en muy poco tiempo; del cual, como fuese por el almirante conocido por navío de fuego, quiso escapar, pero intentólo tarde de suerte que la llama los alteró y al instante saltó en el aire toda la popa y después, sumergiéndose el resto, perecieron. El segundo navío, que veía arder su almirante, se escapó hacia el castillo, donde en breve espacio hicieron los mismos españoles ir a pique, estimándolo más que caer en manos de piratas. El tercero que no tuvo tiempo de huir, cayó en poder de sus enemigos. Los que echaron a pique cerca del castillo al navío segundo, vieron venir a los piratas para tomar lo que pudieran del naufragio; mas los que aún dentro estaban, pusieron fuego porque no gozasen sus enemigos del expolio. Echó hacia las orillas de la mar el primer ímpetu del fuego del primer navío algunos españoles, tanto muertos como vivos, y los piratas queriéndolos salvar; estimaron más perecer los que nadaban que recibir la vida de sus perseguidores, por razones que yo contaré adelante.

Hincháronse de orgullo y soberbia los piratas por tan feliz victoria, obtenida en tan breve tiempo y con tanta desigualdad de fuerzas, con que, arrogantes, fueron todos a tierra, donde emprendieron tomar el castillo, que hallaron estar bien proveído de gente, gruesa artillería y municiones, no teniendo ellos más que sus mosquetes y una pocas de granadas de fuego a la mano; estando su artillería incapaz (siendo muy pequeña) de poder con ella hacer brecha en sus murallas, pasaron, pues, el resto del día disparando con sus dichos mosquetes, y al anochecer querían avanzar para echar granadas dentro; pero los españoles despedían furiosos tanta llama, cuanta en las oficinas de Marte y Vulcano se enciende; de modo que no les era a los piratas de ningún provecho el acercarse, ni quedar más largo tiempo en tal disputa, pues, experimentadas ya estas cosas y viendo treinta hombres de los suyos muertos y otros tantos heridos, se retiraron a sus navíos.

Temiendo los españoles que el día siguiente volvieran los piratas con pretensiones de renovar el ataque, creyendo pondrían también su artillería asestada contra el castillo, trabajaron toda la noche para poner en orden todas las cosas, particularmente se emplearon en allanar algunas preeminencias, desde las cuales podían ofender la fortaleza los piratas.

No intentó Morgan volver a tierra por ocupar su tiempo en coger algunos españoles que aún nadaban, esperando pescar parte de las riquezas que se perdieron en los navíos del naufragio. Cogió entre ellos a un piloto del navío más pequeño, con quien tuvo largas conferencias preguntándole variedad de cosas, y entre ellas el número de gente que los tres navíos españoles tenían, y si se debían esperar otros nuevamente y de qué parte habían salido la última vez, cuando los vinieron a buscar. Respondióle en lengua española, diciendo: Mi señor, tened generosa voluntad, si os agrada, de no permitir hacerme algún mal, pues soy extranjero. Yo os diré todo lo que pasó hasta la llegada a este lago. Envíónos el consejo de España con seis navíos bien armados, y con orden de cruzar en estos mares contra los ingleses arruinándoles tanto que nos fuera posible.

Diéronse esas órdenes a causa de la noticia que llegó a la corte de España de la toma y ruina de Portobelo, y otras plazas de cuyos sucesos tantas veces llegaron las lamentaciones a los oídos del rey, consejos y pueblo, a quienes pertenece la conservación de este nuevo mundo, cuya corte ha hecho sus demostraciones a la Inglaterra, a la que el rey de ella respondió no haber dado jamás patentes ni comisiones para hacer alguna hostilidad contra los vasallos de su majestad católica; y, así, para vengarse el rey, mandó armar seis navíos que envió a estas partes, debajo de la dirección de don Agustín de Bustos, a quien se le dio el cargo de almirante. Este tal venía en el navío llamado Nuestra Señora de la Soledad, armado con cuarenta y ocho piezas de artillería altas y ocho bajas: el vicealmirante don Alonso del Campo y Espinosa mandaba el navío intitulado La Concepción, fuerte de cuarenta y cuatro piezas altas y ocho bajas. Venían otros cuatro: el primero se llamaba La Magdalena, que tenía treinta y seis piezas altas y doce bajas, con doscientos cincuenta hombres; San Luis, con veintiséis piezas altas y doce bajas, que tenía doscientos hombres; La Marquesa, con dieciséis piezas altas y ocho bajas, y ciento cincuenta hombres; Nuestra Señora del Carmen, con dieciocho piezas altas y ocho bajas, y también ciento cincuenta hombres.

Estábamos ya en Cartagena, de donde los dos mayores navíos volvieron a España por orden que para ello hubo, diciendo eran muy grandes para cruzar en estas costas. Partió de allí don Alonso del Campo y Espinosa con cuatro navíos hacia Campeche para buscar a los ingleses. Llegamos al puerto de dicha villa, en el cual nos sobrevino un grande torbellino de la parte del norte que hizo perder uno de los cuatro navíos, llamado Nuestra Señora del Carmen. Salimos de allí para la isla Española, a la cual avistamos en poco tiempo, y nos dirigimos al puerto de la ciudad de Santo Domingo, en el cual oímos como habían visto pasar una flota de Jamaica, y que de ella echaron alguna gente en tierra, en una plaza llamada Alta Gracia, cuyos habitantes cogieron a uno de dicha flota y haciéndole prisionero confesó como los ingleses tenían designio de ir a la ciudad de Caracas; sobre cuyas nuevas, don Alonso hizo al instante levantar las áncoras y atravesamos hasta la otra parte de la Tierra Firme, a la vista de dicha Caracas, en donde encontramos una barca que nos aseguró estar la flota de Jamaica en el Lagón de Maracaibo, y que consistía en siete navíos y una barca.

Sobre esta noticia vinimos aquí y cuando llegamos a la entrada de este lago tiramos una pieza de artillería para advertir a un piloto, que viendo desde la tierra éramos españoles, vino con otros que nos advirtieron como los ingleses habían tomado la villa de Maracaibo y que por entonces estaban saqueando a Gibraltar. Oído que hubo don Alonso las sobredichas relaciones, hizo un brioso razonamiento, dando coraje a todos sus oficiales, soldados y marineros, prometiéndoles departir entre todos todo lo que ganasen de los ingleses. Ordenó se condujese al castillo la artillería que cogimos del navío que se perdió y otras dos piezas de su propio navío de a dieciocho libras. Los pilotos nos condujeron al puerto y don Alonso hizo venir la gente que estaba en tierra a su presencia, a quienes dispuso reforzar el castillo de cien hombres más los que habían vuelto después de la salida de dichos ingleses. Poco después nos trajeron las nuevas de que habíais vuelto a Maracaibo, a donde don Alonso os escribió una carta, dándoos cuenta de su llegada y designio, exhortándoos a rendir y restituir todo lo que habíais tomado, lo cual no quisisteis hacer; en resumen, de que renovó su primera promesa e intento; y habiendo hecho dar de cenar a toda su milicia y gente espléndidamente, exhortó a todos no diesen algún cuartel a los ingleses que cayesen en sus manos, lo cual fue causa que se ahogaron tantos por no atreverse a pedir cuartel. Dos días antes que vinieseis contra nosotros hubo un negro que vino a don Alonso diciéndole: «Señor, mirad con atención que lo ingleses han hecho y preparado un navío de fuego para abrasar vuestra flota». No quiso creer don Alonso la advertencia del negro y respondió: «¿Tienen por ventura esas gentes entendimiento para preparar un navío de fuego? ¿o se pueden hallar en su poder los instrumentos necesarios que se requieren?».

Cuando tan patente y largamente este piloto hubo contado todas las sobredichas cosas, Morgan le trató muy humanamente y con mucho regalo, el cual, ofreciéndole ventajas, se quedó en su servicio. Descubrióle aún cómo en el navío que pereció había grande cantidad de plata, hasta la suma de 4.000 pesos, y que ésa era la causa de haber visto diversas veces a muchos españoles cerca del navío que se perdió. Dispuso Morgan que uno de sus navíos quedase allí (según las ocasiones a propósito) y pescase la plata que pudiese. El, con todo el resto de la flota, se volvió a Maracaibo, donde hizo reparar el gran navío que tomó de los tres sobredichos, y muy bien acomodado le eligió para sí mismo, dando el que tenía a uno de sus capitanes.

Envió después una persona al almirante, demandándole dinero de tributo de quema por la villa de Maracaibo, a pena de hacerla enteramente abrasar. Considerando los españoles que habían tenido desgracia por todos modos con los piratas, y no sabiendo por qué medio librarse de ellos, acordaron pagar, aunque don Alonso no consintió.

Enviáronle a decir a Morgan qué suma pretendía y respondióles que 30.000 pesos y quinientas vacas, para que sus navíos abundasen en carnes; prometía, en tal caso, que no haría alguna molestia a los prisioneros, ni ruina a la villa. Finalmente, se acordaron en 20.000 pesos, además de las quinientas vacas que el día siguiente los españoles llevaron con una partida del dinero, y mientras los piratas salaban la carne, volvieron con el resto de la suma en que acordaron, hasta dichos 20.000 reales de a ocho.

No quiso rendir Morgan, por entonces, los prisioneros, por razón de que temía los cañonazos de la artillería del castillo a la salida del Lagón, y así resolvió de no darlos hasta que estuviese apartado y fuera de lo que podía alcanzar con sus balas, esperando que por tal medio obtendrían libre paso. Púsole a la vela toda la flota para ir donde habían dejado el navío que debía pescar la plata del que quemaron, el cual halló con la suma de 150.000 pesos que habían cogido, con otras muchas piezas de plata, como espadas y otras cosas de este género; hallaron también mucha cantidad de reales de a ocho, todos pegados y casi derretidos por el grande fuego de la quema de dicho navío. No sabía Morgan por qué camino evitar los males que el sobredicho castillo le podría causar a la flota, y así dijo a los prisioneros que les era necesario acordarse con el gobernador para abrir el paso con seguridad de su salida; y que si no quería consentir, los haría a todos ahorcar en sus navíos.

Juntáronse todos los prisioneros a conferir, para ver a quién disputarían al dicho gobernador don Alonso, y señalaron algunos de entre ellos para esta embajada; fueron rogando y suplicando al almirante, mirase con ojos de compasión los afligidos prisioneros que estaban con sus mujeres y criaturas, aún en poder de Morgan; y que así diese su palabra de que dejaría salir libremente toda la flota de piratas sin molestia alguna, que sería el único remedio para salvar sus vidas y de los que allá quedaban amenazados todos de horca (en caso que no quisiese acordarles lo que le demandaban). Respondióles don Alonso (reprendiéndoles su cobardía): Si vosotros hubiéseis estado tan fieles al rey, impidiéndoles la entrada, como yo haré la salida, no habríais causado esos inconvenientes, ni a vosotros mesmos, ni a toda nuestra nación, que ha sufrido tanto por vuestra flojedad. En fin, yo no acordaré jamás la demanda y mantendré mejor el respeto de mi rey, según mi cargo.

Volviéronse los españoles con mucha tristeza y fuera de esperanza los cuales contaron a Morgan todo lo que el gobernador les había dicho, el cual, después de haberlos oído, dijo: Yo buscaré medios, si don Alonso no los quiere dar. Hizo repartir los expolios que tenían, como no esperando tener ocasión para hacerlo en otra parte, temiendo alguna tempestad que los separase y que la posesión de lo mejor hiciese prevaricar a alguno de sus capitanes, en cuyo poder se podría hallar. Comenzaron a repartir según sus leyes, habiendo primero hecho juramento de no tener alguno en su particular a cargo cosa alguna; hallaron, tanto en dinero como en joyas, por el valor de 250.000 mil reales de a ocho; además de la infinidad de mercadurías y esclavos que repartieron a cada navío o barca, según les tocaba.

Hecho todo esto, la cuestión aún duraba de cómo podrían pasar el castillo y salir del lago. Usaron de una estratagema de no mala invención, y fue que el mismo día cuando determinaron aventurar la salida para la noche siguiente, embarcaron mucha gente en canoas y se acercaron a las orillas de la tierra, como si quisiesen echarlos en ella; encubriéronse entre las ramas de la costa y allí se pusieron tendidos a lo largo, dentro de las canoas; todos cubiertos, para que volviéndose (como lo hicieron a los navíos) juzgasen los del castillo, habían dejado emboscada en tierra no pudiendo percibir desde lejos más que dos o tres personas que bogaban; y esto lo repitieron de cada navío muchas veces; de suerte, que los españoles juzgaron que vendrían a querer forzarlos al castillo con escalas cuando la noche se acercase, por cuya razón, pusieron al lado que mira la tierra mucha artillería y la mayor fuerza de sus armas, dejando casi desamparada la parte de la mar.

Llegada la noche levantaron las áncoras y caminaron con el favor de la claridad de la Luna, dejándose llevar del refugio de la mar, hasta que estuvieron cerca del castillo, donde con grande prisa tendieron las velas. Los españoles, teniéndolos a la vista y muy cerca, hicieron transportar, con la mayor agilidad que pudieron, la artillería que estaba del otro lado, y dispararon furiosamente sobre los piratas, los cuales, teniendo el viento favorable, habían pasado la mayor parte, antes que los del castillo pusiesen las cosas en el orden conveniente; de suerte que los piratas no perdieron muchos de los suyos, ni recibieron gran menoscabo en sus navíos. Cuando ya estaban fuera del distrito de la artillería, envió Morgan una canoa hacia el castillo, y en ella algunos prisioneros; y este caudillo mandó darles una barca para volverse cada cual a su morada, pero, no obstante, retuvo los de Gibraltar por no haber venido a pagar los de su tierra lo que debían aún del tributo de quema de su lugar. Cuando quiso partir, Morgan mandó disparar contra el castillo siete piezas de artillería con bala, por despedida, a los cuales no fue respondido ni de un solo mosquetazo.

El siguiente día les sobrevino una grande tempestad que les obligó a echar las áncoras en la profundidad de cinco o seis brazadas; pero la mar estaba tan agitada, que las áncoras no pudieron retener los navíos, de modo que les fue forzoso de irse a mayor altura, donde estuvieron en grandes riesgos de perderse, pues de cualquier lado que hubiesen querido ir, fuese para caer en manos de españoles o en las de indios, no habrían obtenido algún cuartel. Corridas todas estas tempestades, el viento cesó, lo cual les causó grande regocijo.

Mientras Morgan hizo su fortuna en los saqueos mencionados, los compañeros que se habían separado en cabo de Lobos para ir a coger el navío, de que ya en su lugar hablamos, estuvieron muy maltratados y poco afortunados, pues habiendo llegado a la isla de Savona, no hallaron persona de los suyos, ni una carta que Morgan dejó al tiempo de su partida en un cierto puesto donde le parecía la hallarían; y no sabiendo qué camino poder tomar, resolvieron de saltear alguna plaza para buscar su fortuna. Eran todos cerca de cuatrocientos hombres que estaban repartidos en cuatro navíos y una barca; constituyeron un almirante de entre ellos, el cual se comportó valerosamente en la toma de Portobelo; nombrábanle antes capitán Hansel. Este resolvió de emprender la villa de Cumaná, que está situada en la tierra firme de Caracas, cerca de 60 leguas del lado occidental de la isla de la Trinidad; donde, habiendo llegado, pusieron a su gente en tierra, y mataron algunos indios que se hallaron cerca de las costas, y queriéndose acercar a la villa de los españoles acompañados de los indios, les disputaron con tal brío la entrada, que confusamente y con mucha pérdida se retiraron con grande ligereza y se volvieron a sus navíos, y en ellos se fueron a Jamaica, donde los chasquearon pesadamente los otros que llegaron con Morgan, diciéndoles:

«Veamos si el dinero que trajisteis de Cumaná es de tan buenos quilates como el que nosotros traemos de Maracaibo».

Fin de la segunda parte.

Tercera parte. Que contiene la tomada y ruina de la ciudad de Panamá, situada en las costas de la mar meridional de la América, como también otras plazas, todas destruidas por el cruel Morgan. Viaje del autor en el contorno de Costa Rica, y lo que en el discurso de él se pasó

Capítulo I. Viene Morgan a la isla Española para armar una nueva flota, a fin de piratear de nuevo en las costas de las Indias

Enséñanos la experiencia que la prosperidad hace a los hombres de ordinario soberbios, y los anima a buscar mayores glorias mundanas, olvidándose en semejantes ocasiones de las eternas; pues tienen arraigada al corazón la ambición de elevarse tanto, que con facilidad caen otra vez en el origen de donde salieron sus térreos deseos. Veía Morgan que todas sus empresas le habían salido con grandes ventajas, y así comenzaba a aspirar a mayores cumbres, sin acordarse de las cenagosas llanadas de sus principios y de los medios tan infames que empleaba para prevenir, a fuerza de irregularidades, a sus destroncados designios. Consideraba que la fortuna favorecía a sus injustas armas, aunque no dejaba de conocer que los méritos de ellas, más eran para borrar su lustre, que para esclarecer su oscuro esplendor. Parecía, no obstante, que la benignidad del Señor se había totalmente desplegado en su favor, permitiéndole (por sus justos juicios, que son incomprensibles) las glorias aparentes; para mayor confianza de los que en él esperaban les librase de un tan malvado hombre.

Sabía ya Morgan que estaban en Jamaica sus centuriones reducidos a la mendicidad, por sus desenfrenados vicios; pues que los veían miserables implorantes, que pedían nuevas invasiones, para poderse sustentar y cubrir sus carnes, que estaban desnudas por habérselas cubierto a las descaradas rameras que allí habitan con lo que hurtaron a los pacíficos españoles; y así trató de contentar a muchos vecinos de aquella tierra, que eran acreedores de largas sumas que ya les debían los piratas, con la esperanza que él y sus compañeros saldrían de refresco a buscar para sí y para ellos. No se daba mucha fatiga a buscar gente; pues, antes bien, le era preciso cerrar la puerta al concurso que le quería seguir. Emprendió, pues, nueva armazón, y para ello asingó el lado del sur de la isla de Tortuga, escribiendo cartas a los viejos y experimentados piratas que en ella estaban, al gobernador de la isla, y a los plantadores y cazadores de la Española; a todos los cuales declaró su intención, y citó al sobredicho lugar. Cuando entendieron las nuevas, concurrieron en gran número con navíos, canoas y barcas para entender los preceptos del inhumano Morgan. Muchos que no tuvieron ocasión para ir por mar, atravesaron los bosques de la Española y, en fin, se hallaron todos el día 24 de octubre del año 1670 en el lugar de su asignación.

No faltó, con su puntualidad acostumbrada, Morgan, que vino en su navío al mismo lado de la isla, a un puerto que los franceses llaman Port Couillon, enfrente de la isla de la Vaca, que era el lugar de la convocación y, después que hubo juntado la mayor parte de su flota, congregó consejo para discurrir los medios de hallar vituallas suficientes a tanta gente. Deliberaron el enviar cuatro navíos con una barca armados con cuatro cientos hombres, para que fuesen a la tierra firme a tomar algunas villas y lugares, y en ellos juntar cuanto trigo o maíz pudiesen recoger. Fueron hacia el Río de la Hecha, con intento de asaltar una pequeña villa que se llama la Ranchería, en la cual se halla mayor cantidad de maíz que hay en aquellos contornos. Entretanto Morgan enviaba otros de los suyos para cazar en los bosques, los cuales mataron mucho número de bestias y las salaron. El resto de sus compañeros habían quedado en los navíos para aderezarlos, limpiarlos y aprestarlos. De modo que, a la vuelta de los enviados, todos estuviese en punto de alzar áncoras y seguir el curso de sus designios.

Capítulo II. De lo que (se) pasó en el río de la Hacha

Los cuatro navíos de que arriba hablamos, después que salieron de la Española, fueron hasta la vista del río de la Hacha, donde les sobrevino una fastidiosa calma, y como quedaron en aquel modo algunos días, los españoles de las costas que les reconocieron ser enemigos tuvieron lugar de prevenir el asalto; por lo menos guardando lo más precioso de sus bienes para que sin cuidado de su conservación, estuviesen más aptos a ausentarse, cuando (se) reconociesen no poder resistir a la fuerza de sus enemigos, de quienes ya, por la frecuencia de sus venidas, conocían lo que debían hacer en tales casos. Estaba en el tal río un buen navío de Cartagena, que había venido a cargar maíz y casi se disponía, por entonces, a partir cuando los piratas llegaron, de quienes [los piratas] la gente de él procuró escaparse; pero no pudiendo, cayeron en sus manos [junto] con el navío que les vino a pedir de boca, pues era parte de lo que para ella buscaban con tanto anhelo. Cerca del alba llegaron con sus navíos a la ribera y echaron su gente en tierra; aunque los españoles hicieron grande resistencia con una batería que habían formado en el lado que les era preciso a los piratas descender. No obstante toda esta resistencia se vieron obligados a retirarse a una aldea, hasta la cual los piratas les siguieron, mas, volviendo con furia los españoles, tuvieron un valeroso combate, que duró hasta el anochecer, que llegado, vieron dichos españoles, tenían grandes pérdidas de gente, y no poco menos los piratas, y así, temiendo, se retiraron a partes más ocultas.

El siguiente día, que veían los piratas no había quedado nadie en el lugar y que las casas estaban como salas de esgrimidores, les siguieron tanto que les fue posible, y dando con un partido de españoles, les subyugaron y aprisionaron, ejecutando en ellos cruelísimos tormentos para saber en qué parte tenían escondidos sus bienes; hubo algunos que a fuerza de los insufribles dolores confesaron; y otros que no lo haciendo fueron tratados más inhumana y bárbaramente que los precedentes. En el discurso de quince días que allí estuvieron, cogieron muchos prisioneros, plata, muebles, y todo lo que pudieron, con todo lo cual resolvieron volverse a la Española; pero, no contentos de lo que ya poseían, despacharon algunos prisioneros a buscar los otros cohabitantes para que pidiesen tributo de quema por su aldea; a que respondieron no tenían dinero, ni plata que dar; mas si querían contentarse con una proporcionada cantidad de maíz, darían cuanto les fuese posible. Aceptaron los piratas; pues les era más conveniente en aquella sazón lo ofrecido que dinero contante, y se acordaron en cuatro mil fanegas, que entregaron tres días después, por desear el verse libres de tan inhumana gente; repartiéronlas entre sus navíos, y con ellas las otras cosas que habían robado; se fueron a la isla Española buscando su flota para rendir cuenta a su caudillo Morgan de la comisión encargada.

Habían pasado cinco semanas en la ejecución de la sobredicha comisión y así, cuando llegaron, oyeron como Morgan comenzaba a desesperar de su vuelta, temiendo que podrían haber caído en poder de españoles, puesto que el lugar donde habían ido, fácilmente sería socorrido de Cartagena y de Santa María, si los habitantes pusiesen un poco de cuidado en convocar gente. De otra parte estaba perplejo en tímidas consideraciones, juzgando habrían hecho fortuna, y con ella escapándose a otra parte; pero visto desde lejos que sus navíos venían, y en mayor número que habían ido, recobró ánimo, causándole un gran regocijo, y a todos sus compañeros; fue aún mayor el regocijo cuando ya siendo llegados, los hallaron cargados tan ventajosamente de maíz, de que tanto necesitaban para el sustento del gran concurso de gente; con que esperaban grandes cosas por medio de buen orden.

Después que Morgan dispuso el repartimiento de dicho maíz a todos los navíos de su flota, según las personas que cada uno tenía, y hecho llamar a todos los cazadores que estaban en los bosques, proveyó a proporción también de las carnes que trajeron, con que resolvió la partida, pues no faltaba otra cosa, habiendo sido cuidadoso en que los navíos estuviesen bien reparados y limpios. Púsose a la vela, dirigiendo el curso hacia el cabo de Tiburón, donde determinó tomar resolución de lo que se debía emprender; luego que allí llegaron, se les juntaron otros navíos que frescamente venían de Jamaica buscando a Morgan y su flota, que por entonces consistía en treinta y siete grandes velas con dos mil hombres militares bien armados, además del número de marineros y mozos. La almiranta era de veintidós piezas de artillería altas, y seis bajas de bronce; los otros de a veinte, dieciocho y dieciséis y hasta cuatro cañones la menor; tenían grande cantidad de granadas de mano y otras invenciones e ingenios de pólvora.

Viéndose el caudillo con tan grande número de navíos, hizo separar su flota en dos escuadras debajo de dos distintas banderas, constituyendo vicealmirante y otros comandantes, además de los capitanes ordinarios, dando a cada uno letras de comisión para cometer toda hostilidad contra la nación española y tomarles los navíos que pudiesen; fuese en alta mar o en los puertos, del mismo modo que a enemigos declarados (como él decía) del rey de Inglaterra, su pretendido señor. Hizo después juntar todos sus oficiales para que firmasen una escritura de común acuerdo, donde se estipulaba que sacaría por sí solo la centésima parte de todo lo que ganaran, y cada capitán la porción de ocho marineros por los gastos de cada navío, además de la que le tocaba; para cada cirujano, fuera de sus gajes ordinarios, 200 pesos, por su caja de medicamentos; a cada carpintero 100 pesos, también de más a más de lo ordinario. Reglaron los premios más altamente que en la primera parte de este libro dijimos, pues, por la pérdida de las dos piernas, señalaron 1.500 pesos o quince esclavos, dejándolo a su elección; por las dos manos, 1.800 pesos o dieciocho esclavos; por una pierna, fuese derecha o izquierda, 500 pesos o seis esclavos; por cualquiera mano, otro tanto que por una pierna; por un ojo, 100 pesos o un esclavo; por el que en alguna batalla se señalara generosamente, como es: entrando en algún castillo, derribar la bandera española enarbolando la inglesa, 50 pesos. Asentaron por principio que todos estos adelantamientos, recompensas y gajes, se pagarían del primer expolio, según las ocurrencias de los que debían ser premiados o pagados.

Signada dicha escritura, mandó Morgan a todos sus vicealmirantes y capitanes, pusiesen todas las cosas en orden cada uno en su navío para ir a aprehender una de tres plazas, conviene a saber: Cartagena, Panamá o Veracruz; cuya suerte y resolución cayó en la de Panamá, porque creían era la más rica de todas tres; y como esta ciudad está situada en parte donde para llegar a ella no sabían bien las entradas y salidas convenientes, hallaron a propósito de ir previamente a tomar la isla de Santa Catalina, para hallar en ella personas que les pudiesen servir de guías, en consideración del camino que esperaban hacer a Panamá, sabiendo que en aquella isla están de ordinario en presidio muchos bandidos de las partes de Panamá y sus contornos, que son diestros en el conocimiento de aquella tierra. Antes que pasasen más adelante, publicaron entre toda la flota, que hallando algún navío español, el primer capitán que con su gente entrase en él y le tomase, tendrían por premio la décima parte de todo lo que en él hallaran.

Capítulo III. Parte Morgan de la isla Española y va a la de Santa Catalina, la cual toma

Levantaron áncoras del cabo de Tiburón el día 16 de diciembre del año de 1670, y en cuatro jornadas llegaron a la vista de la isla de Santa Catalina, que estaba en posesión de españoles, como dijimos en la segunda parte de esta historia, y a la cual destierran a todos los malhechores de las Indias de España. Hállanse en ella grandes abundancias de palmas en ciertos tiempos del año y riéganla cuatro grandes arroyos, de los cuales (los) dos casi se secan en verano; no se hace comercio alguno en ella, ni los moradores toman el trabajo de plantarla de más frutos que los que les son necesarios a la vida, aunque el país sería suficiente para hacer muy buenos plantíos de tabaco, y con ventajosos réditos que de él podrían sacar. Luego que Morgan estuvo cerca de su flota, hizo adelantar uno de sus navíos, el más velero, para reconocer la entrada de la ribera, y ver si había algunos otros navíos de extranjeros que le quisiesen impedir el acercarse a la tierra firme, y temiendo no llevasen las nuevas de su llegada, por medio de que se pudiesen los españoles prevenir contra sus designios.

El día siguiente cuando amanecía ancoró toda la flota cerca de dicha isla, en una bahía llamada Aguada Grande, sobre la cual los españoles habían hecho una batería con cuatro piezas de artillería. Morgan, con mil hombres poco más o menos, saltó en tierra y formó escuadrones, comenzando a marchar por los bosques, aunque no tenían otras guías que algunos de su propia gente, que habían estado otra vez, cuando Mansvelt tomó y arruinó dicha isla. Llegaron el mismo día a un puesto donde el gobernador tenía otras veces su residencia ordinaria; hallaron una batería llamada la Plataforma de Santiago, dentro de la cual no hallaron persona; puesto que los españoles se habían retirado a la pequeña isla tan cercana de la grande que por medio de un corto puente pueden pasar de una a otra parte.

Estaba fortificada dicha pequeña isla toda alrededor con baterías y fortalezas, de modo que parecía inconquistable; y así que los españoles vieron venir a los piratas, dispararon tan furiosamente sobre ellos, que no pudieron avanzar nada, con que les fue preciso retirarse un poco y echarse a dormir en camas verdes, debajo del cubierto de las estrellas, no extrañándolo, pues les sucede muy de ordinario. Lo que más les afligía era la hambre, porque en todo el día no habían comido cosa alguna. A la media noche, comenzó a llover tan fuertemente, que casi no podían resistir aquellos miserables piratas, que no tenían otra cobertura más que sola una camisa y calzoncillos sin medias ni zapatos; y como se hallaron a toda extremidad, derribaron algunas casillas para hacer fuego con sus maderas. Halláronse en tal estado, que si hubiesen venido cien hombres razonablemente armados les podrían hacer a todos pedazos. Al alba del siguiente día cesó la lluvia, y limpiaron sus armas, que estaban todas mojadas, y prosiguieron la marcha; cuando en poco tiempo después volvió la lluvia, como si las nubes se hubiesen abierto más de lo ordinario; que fue causa de avanzar hacia las fortalezas, desde las cuales no dejaban continuamente de disparar contra sus enemigos, que se acercaban.

Estaban los piratas en grande aflicción y peligro de la vida por las inclemencias del tiempo, su desnudez y la hambre canina que padecían, para cuyo alivio vieron en la campaña un caballo viejo, flaco y lleno de mataduras, al cual degollaron y desollaron con agilidad perruna, repartiéndole entre los que pudieron un pedacico alcanzar, que recibían con muestras de agradecimiento y asaban o, por mejor decir, quemaban; y sin más salsa, ni sal ni pan, se lo engulleron, usurpando el tragadero, a modo de rebate, el oficio a los aguzados dientes. Aún la lluvia no cesaba y Morgan conoció que sus camaradas comenzaban a murmurar; oyendo decir que se querían volver a bordo de sus navíos. Con que, entre estas fatigas, mandó armar una canoa con grande prisa y levantar en ella el estandarte blanco; envióla al gobernador español, diciendo que si no se rendía con toda su gente voluntariamente en pocas horas, le juraba, y a todos los que con él estaban, los pasaría a cuchillo, sin conceder cuartel a nadie.

Después del mediodía volvió la canoa, respondiendo que el gobernador pedía dos horas de tiempo para resolverse con todos sus oficiales en junta común y, que pasadas, daría positiva respuesta sobre lo propuesto. Terminadas dichas dos horas envió, dicho gobernador, dos canoas con estandartes blancos y dos personas para tratar con Morgan; mas antes que llegasen a tierra, pidieron dos de los suyos, a los piratas, en rehenes para su seguridad; los cuales con grande puntualidad les fueron acordadas: envió dos capitanes piratas en recíproca amistad y los españoles llegaron y propusieron a Morgan como su gobernador había resuelto en junta de rendirse, no hallándose con bastantes fuerzas para resistir a una tal armada; pero [que] Morgan usaría de una estratagema de guerra; a saber, que llegaría por la noche con sus tropas cerca del puente que está entre la grande isla y la pequeña, y que atacarían la fortaleza de San Jerónimo; que todos los navíos de su flota vendrían hacia el castillo de Santa Teresa para darle un ataque y que, al mismo tiempo, pondrían algunas tropas en tierra cerca de la batería de San Mateo, los cuales cortarían el camino al gobernador cuando quisiera ir a la fortaleza de San Jerónimo, y que entonces le harían prisionero haciendo la formalidad de forzarle a rendir el dicho castillo, y que él conduciría a los ingleses dentro, debajo del engaño de que eran sus propias tropas; que de una parte y otra tirarían continuamente, pero sin balas o por lo menos al aire por no herir ni matar a persona. Que así teniendo dos plazas no deberían ponerse en grande pena por el resto.

Acordóles Morgan todo lo propuesto a condición que mantuviesen fielmente su palabra y promesas a pena de ser tratados con todo rigor; y así afirmaron ejecutarlo; con que se despidieron y fueron a dar cuenta al gobernador de su comisión. Al punto dio orden Morgan a su flota, para que entrase en el puerto, y a sus tropas se previniesen para que en aquella noche diesen avance al castillo San Jerónimo, como lo hicieron. De suerte que esta falsa batalla comenzó tirando de gruesa artillería desde los dos castillos contra los navíos, pero sin bala como dicho es, hasta que los piratas vinieron de noche a la isla pequeña y tomaron posesión de todas las fortalezas, haciendo huir, aparentemente, a todos los españoles a la iglesia. Tenía orden el gobernador Morgan que toda su gente la tuviese consigo, porque si hallaban los piratas a algún español en la calle le darían un mosquetazo.

Después que el acuerdo se hizo con el gobernador y que todo se puso en orden, los piratas comenzaron a hacer la guerra contra las gallinas, terneras, ganado de cerda y semejantes cosas; no se ocupaba su espíritu más que en matar tales animales, asarlos y comerlos; y cuando no tenían leña que quemar derribaban las casas, cuyas maderas les servían para el fuego. Contaron el día siguiente a todos los prisioneros que hallaron sobre la isla, y numeraron cuatrocientos cincuenta en todos; conviene (a) saber: ciento noventa hombres de guarnición; cuarenta moradores casados; cuarenta y tres criaturas; treinta y cuatro esclavos de su Majestad, con ocho criaturas; ocho bandidos; treinta y nueve negros que pertenecían a particulares, con veintidós criaturas; y veintisiete negras y doce criaturas. Desarmaron los piratas a todos los españoles y enviaron los hombres a las plantaciones para que buscasen que comer, y las mujeres quedaron en la iglesia encomendándose a Dios.

Hicieron la revista de todo el país y de sus fortalezas, de que hallaron nueve en todas, como son San Jerónimo, que está cerca del puente; tenía ocho piezas de artillería de doce, ocho y seis libras de bala, y seis pipas de mosquetes, que cada una contenía diez; hallaron aún sesenta mosquetes y pólvora bastante, con otras municiones de guerra. La segunda fortaleza, San Mateo, tenía tres piezas de a ocho libras de bala. La tercera y más principal, llamada Santa Teresa, tenía veinte piezas de artillería de dieciocho hasta doce, ocho, y seis libras de bala, con diez pipas de mosquetes, como los que dijimos, y noventa mosquetes con otras municiones de guerra; este castillo estaba fabricado de piedra y cal, murallas bien gruesas y un foso muy largo alrededor, de 20 pies de profundidad, y aunque estaba sin agua era difícil asaltar; no se podía entrar más que por una puerta que estaba a la mitad del castillo; dentro había una montaña casi inaccesible, con cuatro piezas de cañón en la cumbre, desde la cual podían disparar derechamente al puerto; de la parte de la mar era inconquistable a causa de las rocas que le ciñen, y porque la mar furiosamente le bate; de la tierra está de tal modo situado sobre una montaña que la entrada no es más ancha que de 3 o 4 pasos. La cuarta batería, San Agustín, tenía tres piezas de a ocho y seis libras. La quinta era la plataforma de la Concepción, con dos piezas de a ocho libras. La sexta, San Salvador, con otras dos piezas. La octava, Santa Cruz, con tres piezas. La nona, llamada el fuerte de San Joseph, con seis piezas de a doce y ocho libras de bala y dos pipas de mosquetes con municiones suficientísimas.

Hallaron más de treinta mil libras de pólvora dentro del almacén con otras municiones, las cuales fueron transportadas a sus navíos; la artillería ataponada y clavada; todas las fortalezas arruinadas fuera la de San Jerónimo donde los piratas tenían su guardia y residencia. Informóse Morgan si había allí bandidos de Panamá o de Portobelo, de donde se hallaron tres que condujeron a su presencia, diciendo eran muy prácticos en aquellos cuarteles, donde pretendía saber las entradas y salidas. Propúsoles si querían servirle de guías y mostrarle los caminos de Panamá, a condición que participarían de todos los pillajes y robos, y después los pondría en libertad, llevándolos consigo cuando se volviera a Jamaica. Agradó a los bandidos la proposición y prometieron servirle en todo los propuesto; principalmente uno de los tres que era el mayor pícaro ladrón y asesino de entre ellos, que hubiera merecido antes que le rompiesen los brazos y piernas, todo vivo, que haber tenido en castigo de sus delitos una tan leve sentencia como es un presidio; tenía este tal grande poder e imperio sobre los otros dos, a quienes mandaba a zapatazos y hacía de ellos todo lo que quería. Hizo Morgan aprestar cuatro navíos y una barca para ir a tomar el castillo que está sobre la ribera de Chagre; no queriendo él ir con su flota, por no dar sospechas a los españoles. Pusieron cuatrocientos hombres sobre estas cinco embarcaciones, los cuales fueron a ejecutar el orden de su caudillo, que quedó en la isla con la otra gente esperando el suceso de sus enviados.

Capítulo IV. Tomada del Castillo de San Lorenzo de Chagre, por cuatrocientos hombres enviados por Morgan a este fin desde la isla de Santa Catalina

Eligió Morgan por vicealmirante de los cuatro navíos y una barca que envió a la ribera de Chagre a uno llamado Brodeli, el cual había estado largo tiempo en aquellos cuarteles haciendo grandes insolencias contra los españoles cuando Mansvelt estuvo en Santa Catalina. Llegó Brodeli con sus navíos a la vista del castillo San Lorenzo de Chagre en tres días, después que salió de la presencia de Morgan. Este tal castillo está fabricado sobre una alta montaña a la entrada de la ribera, el cual está rodeado por todas partes de fuertes palizadas bien terraplenadas. Lo superior de la montaña está como cortado en dos partes, y en medio hay un foso, cuya profundidad es de treinta pies; no tiene más que una sola entrada al castillo, y ésta por un puente levadizo; por el lado de la tierra tiene cuatro bastiones, y por el de la mar dos: la parte que mira al mediodía tiene la asperidad de la montaña, inaccesible e imposible a subir; la del norte ciñe la ribera, que es muy ancha; al pie de dicho castillo hay una fuerte torre con ocho piezas de artillería, para impedir la entrada del puerto; un poco más abajo están otras dos baterías, cada una con seis piezas de artillería para defender la ribera; a un lado del castillo están dos buenos almacenes que sirven para la provisión de municiones de guerra, y para depositar mercadurías, que traen del país alto; cerca de ellos, hay una escalera muy larga que fue hecha para subir hasta lo alto del castillo; al occidente de esta fortaleza se halla un pequeño puerto que no tiene más que seis u ocho brazadas de profundidad, bueno para pequeñas embarcaciones y muy seguro para las áncoras; hay, aún, delante de dicho castillo, a la entrada de la ribera, una roca que casi no se descubre encima de las aguas.

Desde el instante que los españoles vieron venir a los piratas, dispararon repetidas veces su artillería contra ellos, los cuales ancoraron en un pequeño puerto, una legua poco más del castillo. Por la mañana del siguiente día, saltaron a tierra y atravesaron el bosque, para hacer por aquella parte el ataque; la marcha les duró hasta las dos de la tarde, antes que pudiesen llegar a causa de la incomodidad del camino y sus lodazales y, aunque las guías que consigo llevaban les servían exactamente, no obstante, se acercaron de tal modo al castillo, que de los tiros que los españoles disparaban, los piratas perdieron muchos de los suyos, hallándose en parte rasa donde no podían encubrirse de cosa alguna. No sabían los piratas qué hacer; pues por aquella parte les era forzoso dar el ataque y siendo descubiertos desde la cabeza hasta los pies desde lo alto, se hallaban en grande riesgo si avanzaban; además, que el castillo, por su situación y fuerzas, les ponía en temores la empresa. Volverse no usaban, porque sus compañeros les escarnecerían.

En fin, después de muchos debates resolvieron arriesgar el asalto (y) la vida desesperadamente, y avanzaron al castillo con sus alfanjes en mano y granadas de fuego aunque los españoles valerosamente se defendían y tiraban furiosa artillería y mosquetazos, gritando de lejos: Vengan los demás perros ingleses, enemigos de Dios y del rey. Vosotros no habéis de ir a Panamá. Después que los piratas hubieron hecho alguna prueba para subir al castillo, se vieron obligados a retirarse, quedándose en reposo hasta la noche, que volvieron para ver si, con el favor de sus granadas, podrían sobremontar el asalto y arrancar las palizadas; hicieron la prueba; cuando llegaron, un pirata fue herido con una flecha en sus espaldas que le atravesó de parte a parte y, al mismo instante, con gran valor, él mismo se la sacó por un lado del pecho y tomó un poco de algodón que tenía consigo, y lo ligó a dicha flecha que metió en su arcabuz, y disparó al castillo; que fue causa de poner en llama dos o tres casas que estaban dentro cubiertas de hojas de palma; lo cual, los españoles no advirtieron y, de este incendio, cayó fuego en una partida de pólvora que hizo grande ruina, causando notable consternación entre los españoles, que no lo habían podido remediar, por no haber visto al principio el incendio.

Como los piratas viesen el buen efecto de la flecha y el principio de desgracia de los españoles, y que estaban notablemente ocupados en apagar el fuego, por cuya causa había grande desorden en el castillo, pues no tenían dentro bastante agua para extinguirle, procuraron aprovechar de la ocasión, poniendo también fuego a las palizadas; y así se vio el incendio en un mismo tiempo por diversas partes, cuya empresa les sirvió de mucha ventaja, porque entraron por las brechas que el fuego hizo en dichas estacadas, donde hallaron que se habían caído en los fosos muchos montones de tierra, sobre los cuales subieron dentro de los mismos fosos, y a donde algunos españoles, que no estaban empleados en el incendio, echaron sobre los piratas muchos pucheros llenos de pólvora, y de hedores con mechas encendidas, todo lo cual hizo perder muchos enemigos ingleses.

No obstante la furiosa resistencia que los españoles hicieron, no pudieron impedir que todas las palizadas dejasen de abrasarse enteramente antes de la media noche; y aunque el fuego era grande, los piratas no dejaron de persistir en su pretensión, echándose a gatas, y caminaban de este modo hasta cerca de las llamas, por entre las cuales disparaban muchos mosquetazos contra los españoles, que columbraban y los hacían caer de las murallas abajo. Cuando el alba envió sus crepúsculos, vieron que toda la tierra levadiza, intermedia de las estacas, había caído (y) desmoronándose, en cantidad excesiva, dentro de los fosos; de tal modo era, que los del castillo estaban ya, para los de fuera, a cuerpo descubierto y tiraron contra ellos fieramente; de donde resultó, que mataron grande número de españoles, pues el gobernador les había dado orden de no retirarse de aquellos puestos que correspondían a los montones de tierra caídos y de transportar la artillería a las brechas.

Tenía aún el fuego en el castillo su curso y los piratas desde afuera hacían lo posible para atajar su progreso, cuanto les era factible. Una parte de piratas estaban ocupados en esto y otra observaban los movimientos de los afligidos españoles; con que, cerca del mediodía los ingleses ganaron una brecha donde el gobernador estaba con veinticinco soldados para defenderla, después de una valerosa resistencia que los españoles hicieron con mosquetes, picas, piedras y espadas pasaron los piratas y finalmente ganaron el castillo. Los españoles que quedaron aún en vida saltaron del dicho castillo al agua, estimando más morir precipitados por sí mismos (porque pocos vivieron del asalto), que pedir cuartel. Retiróse el gobernador a un cuerpo de guardia, delante del cual había dos piezas de artillería, y pretendiendo aún defenderse, sin querer pedir cuartel; le mataron de un balazo que le dispararon a la cabeza.

Hallaron aún cosa de treinta hombres dentro, de los cuales no había diez sanos; dijeron a los piratas que ocho o nueve soldados desertaron de entre ellos y se fueron a Panamá para llevar las nuevas de su llegada e invasión. No quedaron más que estos treinta hombres de trescientos catorce con que el castillo estaba guarnecido, entre cuyo primer número, no hallaron oficial alguno en vida. Hiciéronlos a todos prisioneros y los forzaron a decir todo lo que sabían acerca de sus empresas y, entre otras cosas, declararon cómo el gobernador de Panamá tenía noticias de Cartagena tres semanas había; cómo los ingleses armaban una flota en la isla Española, para venir a tomar dicha ciudad; y que esto se había sabido por una persona que se salió de entre los piratas en el río de la Hacha, donde proveyeron su flota de vituallas; y que con estas nuevas, dicho gobernador, envió ciento sesenta y cuatro hombres de socorro a aquel castillo, con muchos víveres y municiones de guerra. Como la guarnición ordinaria consistía en ciento cincuenta hombres, haciendo juntos el número sobredicho de trescientos catorce, todos bien armados. Dijeron también a los piratas como dicho gobernador ordenó diversas emboscadas a todo lo largo de la ribera, y que aguardaban con tres mil seiscientos hombres en las campañas de Panamá, que ellos llegasen.

Costóles excesiva pena a los piratas ganar el castillo; mucha más que la entrada y reducción de la isla de Santa Catalina y su adyacente, porque contando su gente, hallaron haber perdido más de cien hombres, además de los heridos, que pasaban de setenta. Mandaron a los prisioneros españoles que echasen de lo alto de la montaña a la ribera todos los cuerpos muertos de los suyos y que después los enterrasen. Los heridos llevaron a la iglesia, en la cual las mujeres estaban encerradas y donde hicieron hospital, y lugar de prostitución, violentando las afligidas viudas con insolentes amenazas.

No quedó largo tiempo Morgan en la isla de Santa Catalina, y antes de salir de ella hizo embarcar todas las vituallas que halló con el maíz y cazabe en cantidad, ordenando que transportasen cuantos víveres fuese posible a la guarnición de los del castillo de Chagre, de cualquiera parte que los pudiesen hallar. Echaron al agua, en parte conocida, toda la artillería de la dicha isla, con ánimo de volver, y dejarla guarnecida en posesión perpetua de piratas; no obstante, hizo poner fuego a todas las casas, excepto al castillo de Santa Teresa que le parecía el más capaz y seguro para hacerse fuerte a su vuelta de Panamá. Llevó consigo todos los prisioneros y, finalmente, partió para el río de Chagre, donde llegó en ocho días y, viendo el estandarte inglés levantado sobre el castillo, fue tanto el regocijo que tuvieron, que no advirtieron la entrada de la ribera, en la cual perdió el mismo navío en que iba y otros tres de su flota, siendo tan afortunados, que toda la gente se salvó con todos sus bienes; y hubieran, también, preservado los navíos si un grande viento de norte no se levantara en aquella ocasión, que los hizo dar contra una roca que está a la entrada de dicha ribera.

Subió Morgan al castillo con grande triunfo y regocijo de todos los piratas que en él estaban y venían y, habiendo oído del modo que las cosas pasaron en la conquista, mandó al punto que todos los prisioneros comenzasen a trabajar a las reparaciones necesarias; principalmente en hincar nuevas palizadas alrededor de todos los fuertes dependientes. Hallábanse en la ribera algunos barcos de españoles, que ellos llaman chaten, los cuales sirven para transportar mercadurías por el río, como también para ir a Portobelo y Nicaragua; ármanlos, de ordinario, con dos piezas grandes de artillería de hierro y cuatro pequeñas de bronce; tomáronlos todos, y otros pequeños navichuelos, y todas sus canoas, y dejaron quinientos hombres de guarnición en el castillo; ciento cincuenta en sus navíos dentro de la ribera; y partió Morgan hacia Panamá con mil doscientos hombres, no proveyéndose de vituallas, más que en pequeña cantidad, con la esperanza de hallar bastantes entre los españoles que estaban emboscados en diversas partes del camino.

Capítulo V. Parte Morgan del castillo de Chagre, acompañado de mil doscientos hombres, con designio de ir a tomar la ciudad de Panamá

En 18 de enero del año de 1670 partió Morgan del castillo de Chagre con mil doscientos hombres, cinco barcos con artillería y treinta y dos canoas llenas de dicha gente, enderezando su curso río arriba para la ciudad de Panamá. Caminaron aquel día 6 leguas y llegaron a una plaza llamada de los Bracos, donde un partido de su gente salieron para dormir algunas horas y extenderse un poco, pues en las canoas venían muy encogidos; y después ver si en las plantaciones podían hallar algunas vituallas, que no les fue posible descubrir por haber, los españoles, huido (y) llevándose consigo cuantas tenían. De tal modo se vieron sin que comer, que les fue forzoso de pasarse, por entonces, con una pipa de tabaco para su recreo y refocilación.

El siguiente día, segundo de su viaje, le comenzaron muy de mañana y llegaron al anochecer a un lugar llamado Cruz de Juan Gallego, donde les fue forzoso (de) dejar sus barcas y canoas a causa que la ribera estaba muy seca por falta de lluvia y de los impedimentos de muchos árboles que en ella estaban caídos. Las guías dijeron que 2 leguas más arriba era muy cómodo para poder seguir el camino por tierra, y así dejaron alguna gente, que en todos eran ciento sesenta hombres, sobre los barcos, para que los guardasen y sirviesen de refugio.

Pusieron el día siguiente todos los demás en tierra y, a los que quedaron, mandaron, con gravísimos rigores, no saltase ninguno fuera a fin de impedir el no ser reconocidos por los españoles que pudiesen estar en las emboscadas de selvas espesísimas, que cerca de ellos se veían de tal modo que casi no se podían atravesar. Vieron que todos aquellos contornos eran llenos de cenagales y así, aunque trabajosamente, dispuso Morgan transportar parte de sus compañeros en canoas hacia una plaza llamada Cedro bueno y después volver por el resto como lo ejecutaron, hallándose todos en dicho lugar al anochecer. Deseaban los piratas encontrar españoles o indios, esperando llenar sus vientres de mantenimientos que, con ellos, por fortuna tendrían, pues estaban reducidos casi a una extrema hambre.

Marchaban los piratas el cuarto día con la mayor parte de su gente, conducidos por una guía, los otros subieron más arriba con canoas, dirigidos por el gobierno de otra guía que iba siempre delante con dos de ellas, a fin de reconocer, de una y otra parte, las emboscadas de los españoles, los cuales tenían también espiones que eran diestros y los podían, de ordinario, preadvertir de los casos y llegada de piratas seis horas antes que llegasen a emparejar. Cerca del mediodía se hallaron próximos a un puesto llamado Torna Caballos, donde el guía de las canoas comenzó a gritar diciendo, descubría una emboscada. Dióles notable alegría a los piratas, creyendo hallarían algún mantenimiento con que saciar parte de la hambre que tenían y, así, no perdieron tiempo, corriendo como que primero buscando los españoles y entre ellos algún refresco a causa de la extrema necesidad en que se veían; pero habiendo llegado, hallaron sin persona dicho puesto, de donde habían escapado los que antes estaban, que no dejaron otra cosa que una cantidad de sacos de cuero todos vacíos y algunas migajas desmenuzadas del pan que tuvieron. Abatieron unas pequeñuelas chozas que los españoles habían hecho y después se vieron obligados a comerse los mismos sacos que hallaron por dar algo al fermento de sus estómagos, siendo tan acerbo que les comía las entrañas, sin tener otra materia a envolverse. Hicieron gran banquete de dichos pellejos, y les hubiera sido más sabrosa si no peleasen entre sí, disputando cuál tendría mayor porción. Coligieron podrían haber estado en aquella emboscada quinientos españoles, a quienes deseaban aún encontrar para comerse algunos, que habrían asado o sancochado, como tres y dos son cinco.

Después que tenían ya los cueros, parte en el estómago y parte digerido en sus vientres, dejaron el puesto y marcharon más adelante hasta llegar, al anochecer, a una plaza llamada Torna Muni, donde hallaron otra emboscada, pero desierta como la otra; y de tal modo que, aún en los bosques vecinos, no hallaron cosa chica ni grande que comer, habiendo estado tan próbidos los españoles, que no dejaron rastro de mantenimiento donde estuvieron; y así se veían los piratas en una extremidad, teniéndose por dichoso el que había guardado y reservado algún pedazo de los cueros sobredichos, que cenó y tras él bebió un buen golpe de agua, que le refrescaba las tripas. Algunos que jamás salieron de las cocinas de sus madres dirán: ¿cómo los piratas podían mascar, tragar, y digerir un pedazo de cuero tan seco y árido? A que les respondo, salgan un poco a experimentar qué cosa es hambre y hallarán el modo en su propia necesidad, como le hallaron los piratas, que cogían dicho cuero en pedazos y le metían entre dos piedras, (y) le refregaban y batían, mojándole con agua del río, hasta que le reducían en consistencia suave y batían, y desarraigándole el pelo, asaban los pedazos en hogueras que encendían, y así aderezado le hacían menudas piezas, que engullían ayudados de buenos tragos de agua, que tenían cerca por buena fortuna.

Continuaron la marcha, la quinta jornada, y al mediodía llegaron a un lugar o puesto llamado Barbacoa, donde hallaron señales de haber estado otra emboscada, pero tan desproveído el puesto como los dos precedentes, aunque alrededor se veían algunos plantíos que escudriñaron, y en ellos no pudieron encontrar persona, ni animal, ni otra cosa que les pudiese aliviar su extrema y rabiosa hambre. Finalmente, después que hubieron buscado y rebuscado largo tiempo, hallaron una gruta que parecía estar nuevamente picada, en la cual hallaron dos sacos llenos de flor, trigo semejantes cosas; junto con dos grandes botijas de vino y ciertos frutos que llaman plátanos. Sabiendo Morgan que algunos de su gente estaban en extremidad de la vida por hambre que padecían, y temiendo que la mayor parte no muriesen del mismo efecto, hizo repartir todo lo que hallaron a los que mayor necesidad tenían; con que, habiéndose algo refrescado, comenzaron de nuevo a marchar con más ánimo, y a los que no podían, por causa de flaqueza, pusieron dentro de las canoas y salieron a tierra aquellos que antes en ellas estaban; y así prosiguieron el viaje hasta la noche bien tarde, que hallaron un plantío donde quedaron sin comer cosa alguna, porque los españoles habían (como en las partes precedentes) barrido con todo, sin dejar, ni aún, señales de provisiones.

Prosiguieron su jornada el sexto día, unos por el bosque y otros en las canoas, aunque les era necesario continuamente reposarse, a causa de las grandes incomodidades del camino y de la flaqueza en que se hallaban, a la cual procuraban fortificar comiendo algunas hojas de árboles y de las simientes que podían hallar, de suerte que se veían en un miserable estado. Llegaron al mediodía a un plantío, en el cual hallaron una casa llena de maíz; derribaron las puertas y tomaron de ello cuanto podían comer así seco, y después repartieron grande cantidad, dando a cada uno su porción, y de este modo proveídos, continuaron la marcha, en la cual una hora después de recomenzada les fue descubierta una emboscada de indios; arrojaron con presteza todo su maíz, porque no les sirviese de embarazo, con la esperanza de hallar todas cosas en abundancia, pero halláronse engañados, no encontrando ni indios, ni víveres, ni otra cosa de lo que se habían imaginado. Vieron, no obstante, de la otra parte del río una tropa de cien indios, los cuales escaparon valiéndoles sus agilísimos pies; algunos piratas se echaron a nado para ver si podían coger parte de dichos indios, mas en vano, porque pudiendo correr más velozmente que ellos, se burlaron, dejándolos de la galla y después de haber muerto dos o tres piratas con sus flechas, gritando desde lejos: ¡ah, perros, a la Sabana, a la Sabana!

No pudiendo los piratas avanzar más aquel día, por causa que les era necesario a todos pasar de la otra parte del río para proseguir el viaje, quedaron aquella noche reposando, si bien el sueño no les era pesado, pues murmuraban entre sí queriéndose algunos volver y otros morir; mas otros, que tenían mayor ánimo, se burlaban de su poco coraje. Tenían una guía que los confortaba diciendo: no pasará largo tiempo sin que hallemos gente, sobre quien tendremos algunas ventajas.

Limpiaron sus armas el séptimo día, y cada uno disparó un tiro sin bala a fin de examinar la seguridad de sus mosquetes y si no les faltarían cuando hallasen enemigos. Pasaron después con sus canoas la otra parte del río, dejando el puesto donde quedaron la noche precedente, el cual se llama Santa Cruz. Continuaron el camino hasta el mediodía que llegaron a una aldea que nombran Cruz, donde descubrían desde lejos las humaredas de las chimeneas, lo cual les daba la esperanza de hallar gente y, después, por un lado lo que deseaban, conviene a saber: comida en abundancia, argumentando sobre señales exteriores fundadas en el aire, porque decían que el humo sale de todas las casas, luego hacen grandes fuegos para asar y cocer lo que hemos de comer.

Llegaron muy presurosos y no hallaron persona, ni cosa con que poder resistirse; si bien buenos fuegos para calentarse, pues los mismos españoles, antes que se ausentasen, pegaron fuego a sus mismas casas, excepto los almacenes y caballerizas del rey.

No dejaron tampoco bestia alguna, ni viva, ni muerta, si bien se hallaron confusos, no teniendo a que echar mano sino de unos pocos de puercos, los cuales mataron y comieron con grande apetito. En los almacenes reales (por buena fortuna) encontraron quince o dieciséis botijas llenas de vino del Perú y un saco de cuero de pan cocido; luego que comenzaron a beber de dicho vino, cayeron casi todos enfermos; mas la causa verdadera fue la inopia de mantenimientos de que habían carecido en todo el discurso del viaje y las porquerías que en él comieron. No sabían de dónde resultaban tales accidentes, atribuyéndolo algunos al vino, que creían estaba envenenado; todo lo cual (les) fue causa de quedarse aquel día en la dicha aldea, que está situada en la altura de 9 grados y 2 minutos, latitud septentrional; apartada del río de Chagre 16 leguas españolas y 8 de Panamá. Este es el último lugar hasta el cual se puede llegar con barco, por cuya razón hicieron almacenes donde pudiesen guardar las mercadurías que vienen a buscar de Panamá con recuas de mulos.

Fuele allí forzoso a Morgan dejar sus canoas y poner la gente en tierra, tomando resolución de volverlas a enviar a donde estaban los navíos; excepto una, que hizo esconder, para que le sirviese de enviar avisos, según las ocasiones más a propósito. Muchos españoles e indios de los contornos se refugiaron en plantíos circunvecinos y, temiendo los piratas algún asalto al improviso, dio Morgan orden que no saliesen de la aldea, sino es de ciento en ciento, por evitar la ventaja de sus enemigos; aunque una parte de ingleses no dejó de contravenir a las órdenes, siendo la causa el querer buscar qué comer; con que a los inobedientes les sucedió que sobre ellos vinieron con furor intrépido algunos españoles e indios, los cuales agarraron a un pirata, no bastándole a Morgan la vigilante guardia y cuidado de prevenir lo futuro, por su buena dirección y consejos.

Envió Morgan el octavo día doscientos hombres adelante para reconocer el camino de Panamá y especular si los españoles tenían en él emboscadas; considerando que los puestos por donde debía pasar y las ocasiones eran para temerlo; siendo el camino tan estrecho que no podían desfilar más que doce personas a la par y algunas veces no tantos. Hacía diez horas que los piratas marchaban, cuando llegaron a un puesto llamado Quebrada Oscura, desde donde les tiraron tres o cuatro mil flechazos, sin que pudiesen ver gente alguna, ni de qué parte les venía el tiro. El lugar desde donde tiraban era una montaña que está horadada de parte a parte, en la cual hay una gruta que la atraviesa por donde no puede pasar más que un jumento cargado. Causóles grande alarma a los piratas, viendo tanta multitud de saetas sin poder descubrir la parte de dónde las descargaban. Finalmente se entraron por el bosque, después que percibieron a algunos indios que corrían tanto que les era posible (para) tomar aún otro puesto ventajoso y en él observar la llegada de piratas. Quedó no obstante una tropa de indios con designio firme de defenderse y lo hicieron hasta tanto que su capitán fue de tal modo herido que cayó en tierra; y aunque el ánimo (en aquel estado) le era mayor que sus fuerzas, procuró levantarse y con intrépida valentía echó mano a su azagaya, y tiró un tajo a un pirata, pero antes de efectuarlo segunda vez, le dieron un pistoletazo de que murió con otros de sus secuaces, que le acompañaron como buenos soldados hasta perder la vida por la defensa de la patria.

Procuraban los piratas con todo encono agarrar indios; pero siendo más ágiles en la carrera que ellos se escaparon dejando muertos ocho piratas y diez heridos: y, si los indios hubiesen estado más diestros, no habrían dejado pasar un solo hombre por aquella parte. Poco tiempo después llegaron a una grande campaña llena y cubierta de matizados prados y, desde ella, descubrieron a lo lejos algunos indios que estaban encima de una montaña, muy cerca del camino que debían pasar. Enviaron una tropa de cincuenta hombres, los más hábiles, para ver si podían hacer presa en alguno de ellos y forzarlos a declarar dónde tenían sus moradas los demás camaradas; salióles en vano el intento, porque los indios se escaparon y se descubrieron en otro puesto gritando:

—A la Sabana, a la Sabana: cornudos perros ingleses.

Entretanto hicieron emplastar los diez heridos que arriba dijimos.

En este puesto había un bosque y a los dos lados, en cada uno, una montaña; los indios ocupaban la una y a la otra subieron los piratas. Creía Morgan que en la selva había emboscada y así envió doscientos hombres para reconocerla. Los españoles e indios, viendo los piratas descender de la montaña, hicieron lo mismo con semblante de quererles dar un ataque; pero luego que se encubrieron de la vista de piratas se escondieron en el bosque, dejándoles el paso abierto.

Cerca del anochecer una lluvia les sobrevino, con que los piratas caminaron buscando casas para preservar el que sus armas no se mojasen, mas los indios habían quemado todas las del contorno y transportado los ganados a lugares remotos, a fin que los piratas, no hallando albergue ni mantenimientos, se viesen obligados a volver la grupa, los cuales, no obstante, hallaron unas pequeñas chozas, pero nada que comer. No pudiéndose todos guarecer en las cabañas, pusieron de cada compañía un cierto número de hombres que guardaron las armas de todo el ejército. Pasaron muy mal la noche los que quedaron en campaña, porque la lluvia permaneció hasta la mañana.

Al alba del siguiente día que era el noveno, Morgan comenzó a continuar la marcha mientras duraba la fresca matutina, siéndoles más favorable lo opaco de las nubes que la claridad de los rayos solares a causa que el camino que seguían era penosísimo, más que todo el precedente. Dos horas después distinguieron una tropa de veinte españoles que observaban los movimientos de piratas, que procuraban agarrar a algunos y no pudieron a causa que los otros se escondían en cavernas que a ellos les eran incógnitas. Finalmente, subieron a una alta montaña, desde la cual descubrieron la mar del Sur, donde vieron un navío y seis barcas que habían salido de Panamá y se encaminaban a las Islas de Tovago, y Tovaguilla; causóles grande alegría y descendieron a un valle, en el cual hallaron grande cantidad de animales cuadrúpedos del que cogieron buen número; y mientras los unos se empleaban en esta caza, los otros encendieron fuego en muchas partes para asar carnes; traían algunos un toro; otros una vaca, un caballo, y los más, cargaban carnes de borricos, todas las cuales cortaban en piezas convenientes y las echaban sobre las llamas y, chamuscadas, se las comían; de modo que la sangre les corría por la barba hasta el pecho.

Saciados ya en este opulento banquete, mandó Morgan continuar la marcha y dispuso precediesen a la larga cincuenta hombres con intención de que hiciesen algunos prisioneros; estando en grande pena por no encontrar a persona alguna que les pudiese declarar el estado y fuerzas de los españoles. Cerca de la noche descubrieron una tropa de doscientos hombres que gritaban contra los piratas, pero no los podían entender. Poco después vieron (por la primera vez) la torre más alta de Panamá, y comenzaron a dar muestras de una extrema alegría echando los sombreros al aire, del mismo modo que si ya hubiesen conseguido la victoria de sus últimos designios. No hubo trompeta que resonase, ni tambor que se dejase entender en aquellos contornos. Camparon aquella noche con regocijo común, aguardando con impaciencia la aurora, en cuyo tiempo determinaron dar el ataque a la ciudad, de donde salieron cincuenta de a caballo cuando oyeron las resonancias de trompetas y tambores de los piratas, cerca de los cuales llegaron, casi a tiro de mosquete, precedidos también de una trompeta que sonaba maravillosamente. Gritaban, los tales de a caballo, contra los enemigos, y se la juraban diciendo: ¡Perros! Nos veremos. Y después de hecha esta amenaza, se volvieron a la reserva de siete u ocho que permanecieron en los contornos para ver los movimientos de los piratas, contra los cuales, desde la ciudad, dispararon toda la noche gruesa y repetida artillería. Los doscientos hombres que los piratas habían visto, volvieron a su presencia haciendo semblante de querer atajar el camino porque no se les escapasen los huéspedes; mas, en lugar de atemorizarse los cercados, luego que pusieron guardias alrededor de su ejército (si así es lícito llamarle) comenzó cada uno a desenvolver su mochila y, sin prevención de servilleta ni plato, comenzaron a dos manos a comer el residuo de carnes de toros y caballos con que se hallaban del precedente banquete y se echaron a dormir sobre la hierba, con grandísimo reposo y satisfacción, aguardando con impaciencia los crepúsculos de la aurora siguiente.

El décimo día pusieron toda la gente en orden conveniente y al son de tambores prosiguieron la marcha derechamente a la ciudad; pero uno de los que guiaban dijo a Morgan no tomase el gran camino porque creía hallarían en él grande resistencia de emboscadas; hallólo a propósito el conductor y así escogió otro camino que penetraba en el bosque aunque era muy difícil y penoso. Viendo, pues, los españoles que caminaban los piratas por parte que no habían creído, se hallaron obligados a dejar sus fortalezas y venirse al encuentro de sus enemigos. El general de españoles puso sus tropas en orden, consistiendo en dos escuadrones, cuatro batallones de infantería y un muy grande número de bravos toros que muchísimos indios habían conducido con algunos negros y otros a este fin.

Hallábanse los piratas en un collado desde donde podían ver a lo largo y, descubriendo la fuerzas de los de Panamá, temieron, de modo que cada uno deseaba hallarse libre de la obligación que ya tenían de acometer o morir; con que siéndoles preciso hacer de la necesidad virtud resolvieron de pelear o quedar en la estacada, sabiendo que de otra suerte no había cuartel para ellos; y así se determinaron a perder hasta la última gota de su sangre. Separáronse después en tres batallones, enviando delante una tropa de doscientos bucaniers, los cuales son muy diestros a tirar con armas de fuego. Dejaron los piratas el collado y, descendiendo, marcharon rectos contra los españoles que estaban en un buen campo apostados, esperando su buena llegada; cuando los enemigos se acercaban comenzaron a vocear los de allá: ¡Viva el rey! E inmediatamente su caballería se destajó contra los piratas, pero como hay en la campaña muchos lodazales no podían escaramuzear como quisieron. Los doscientos bucaniers hincaron una rodilla en tierra y dispararon sobre ellos, con que se encendió una grande batalla, en cuya ocasión se defendieron valerosamente haciendo lo posible para poner a los piratas en desorden; y así la infantería tuvo designio de secundar a la caballería, mas los enemigos la hicieron separar; con que viendo la imposibilidad, procuraron ahuyentar los toros por detrás de los piratas, pero huyóseles la mayor parte y, los que atravesaron, no hicieron más daño que romper algunas banderas inglesas y los piratas arcabuceándolos no dejaron alguno en todo su contorno.

Pasadas dos horas en el combate, hallaron que la mayor parte de la caballería española estaba arruinada y casi todos muertos y el resto se escaparon, que visto por la infantería, y que no hallaban medio para vencerlos, disparaban las cargas que sus mosquetes tenían y los arrojaron en tierra huyéndose cada uno lo mejor que pudo. Fuéles imposible a los piratas el seguirlos por estar cansados del largo camino que acababan de hacer; muchos que no pudieron volverse a donde hubieran querido, se escondieron entre lo espeso de las matas que están a las orillas de la ribera, pero, bien infelizmente, a causa que los piratas hallándolos en muy breve espacio, fueron muertos sin acordar cuartel a persona de entre ellos, como si fuesen bestias campesinas. Trajeron mucho número de religiosos prisioneros a la presencia de Morgan, el cual sin querer dar oídos a sus ruegos y suspirosas lamentaciones, les hizo matar todos a pistoletazos. Condujeron después a un capitán que estaba herido en el combate y Morgan le hizo examinar sobre diversidad de cosas, preguntándole en qué consistían las fuerzas de los de Panamá; a que respondió se fundaban y tenían sus esperanzas en cuatrocientos de a caballo; veinticuatro compañías de infantería, cada una de cien hombres; sesenta indios y algunos negros, que conducían dos mil toros para espantarlos sobre los ingleses y después arruinarlos totalmente. Descubrió aún como en la ciudad habían hecho trincheras en diversas partes, en todas las cuales plantaron artillería y que a la entrada del camino habían hecho una fortaleza donde estaban asentadas ocho piezas de artillería de bronce, y guarneciéndola con cincuenta hombres.

Dio Morgan orden al instante de tomar otro camino e hizo revista de toda su gente, de los cuales hallaron muertos y heridos más que creían y que era número considerable. De los españoles contaron más de seiscientos muertos en la campaña, además de los heridos y prisioneros. No desmayaron los piratas aunque se veían en menos número, antes bien, considerando la grande ventaja que obtuvieron sobre sus enemigos estaban hinchados de orgullo y desde que se hubieron reposado un poco, esforzadamente se prepararon para ir a la ciudad, jurando el general de pelear hasta que el último de ellos fuese perdido, y así caminaron briosos a la conquista, llevándose consigo todos los prisioneros.

Hallaron grande dificultad en la llegada a la ciudad, porque dentro de ella habían plantado gruesa artillería en diversos cuarteles; alguna cargada de pedazos de hierro y otra de balas de mosquete, con todo lo cual saludaron a los piratas, de que resultó el matar a muchos de ellos, mas ni por eso dejaron de avanzar entre los manifiestos peligros en que se hallaban y, aunque asiduamente disparaban, no obstante, los españoles se vieron forzados a entregar la ciudad en el término de tres horas de combate; y hechos posesores los piratas, mataron y destrozaron a cuantos se querían defender. Los habitantes habían ya hecho transportar todos sus mejores bienes a partes más ocultas, aunque se hallaron diversos almacenes bien provistos de toda suerte de mercaderías, tanto sedas y paños, como de lienzos y otras cosas de importancia. Cuando la primera furia fue pasada, Morgan ordenó se juntase toda su gente en cierto puesto que asignó, y allí mandó, debajo de graves penas, que ninguno de los suyos osase gustar ni beber vino, porque había oído decir que los españoles lo habían envenenado; y, lo que más se debe creer es, usó de esta prudente ordenanza a fin de impedir que sus compañeros no se emborrachasen, temiendo que la nación española se picaría y juntaría grande número de personas para venir a tratar a Morgan, como él había hecho con los de Panamá.

Capítulo VI. Envía Morgan cantidad de canoas y barquillos a la mar del sur con intento de piratear Incendio de la ciudad de Panamá; piraterías que hicieron por todos los contornos crueldades que cometieron hasta la vuelta al castillo de Chagre

Así como puso Morgan guarnición en los cuarteles que le pareció dentro y fuera de la ciudad de Panamá, mandó a veinticinco hombres tomasen una barca que había quedado por falta de agua que le causaba el reflujo de la mar, la cual estaba muy baja en el puerto, que es todo cenagoso. Dispuso después (ya cerca del mediodía) pegasen fuego en diversos edificios de la ciudad sin que pudiesen asegurar qué era la causa de aquel incendio, siendo tan grande que antes del anochecer casi toda Panamá estaba en viva llama. Intentó Morgan hacer creer al público habían sido los españoles la causa de ello y, así con inteligencia, esparció estas sospechas entre los suyos. Muchos de los vencidos y algunos otros procuraron impedir el fuego haciendo saltar en el aire, por medio de pólvora, algunas casas para hacer separación entre ellas; salióles su trabajo en vano, porque en menos de media hora toda una calle se abrasó. Eran todos los edificios de cedro, muy bien y curiosamente labrados y por dentro ricamente adornados, principalmente de magníficos cuadros y pinturas, de cuyas alhajas, algunas estaban transportadas y otras perecieron por la voracidad del fuego.

Decoraban a esta episcopal ciudad ocho conventos, siete de religiosos y uno de monjas; como también dos suntuosas iglesias, preciosísimamente adornadas de retablos y pinturas muy finas; mucho oro y plata, todo lo cual los eclesiásticos habían ocultado; un hospital, donde la pobreza y enfermos hallaban la piedad de sus fundadores, bien exactamente observada. Ilustrábanla aún doscientas casas de estructura prodigiosa, que eran las más habitadas de poderosos mercaderes; sin otras cinco mil poco más o menos, para el resto de moradores; tenía muchas caballerizas para los caballos que de ordinario llevaban la plata hacia la costa del norte. Circundaban sus salidas y contornos muchos y muy óptimos plantíos y jardines, que todo el año hacían deliciosas perspectivas.

Los genoveses tenían una magnífica casa, que servía de contador en el comercio que tienen de los negros; la cual, fue ordenado también por Morgan la pusiesen fuego, como se hizo; de cuyo incendio abrasaron hasta los cimientos, con otros almacenes que llegaban al número de doscientos, y grande cantidad de esclavos que se habían escondido en ellos, con infinidad de sacos llenos de flor, que vieron abrasar cuatro semanas después del día que el fuego comenzó. Los piratas, por la mayor parte, estuvieron algún tiempo fuera de la ciudad, y se hallaban temerosos, creyendo que los españoles vendrían de refresco a combatirlos, sabiendo tenían, incomparablemente mucha más gente que ellos, y así se retiraron para unir sus fuerzas que estaban muy disminuidas por las pérdidas precedentes y porque se hallaban con muchos heridos que llevaron a una iglesia, la cual quedó en pie, únicamente, entre las otras. Demás que Morgan había enviado un convoy de ciento cincuenta hombres al castillo de Chagre para anunciar las nuevas de la victoria obtenida en Panamá.

Veíanse muchas veces tropas de españoles que corrían de una parte a otra, pero nunca se atrevieron a emprender nada contra los piratas. Después del mediodía de esta jornada, Morgan volvió a entrar en la ciudad con sus tropas, buscando, cada uno, alojamiento, que no pudieron hallar cómodamente por haber quedado muy pocas casas del incendio; entre cuyas cenizas buscaron con diligencia algunas alhajas de plata u oro, que por fortuna no se hubieran consumido, de que hallaron no pocas en diversas partes y en pozos, donde los españoles las escondieron de las ambiciosas diligencias de los piratas.

Despacharon al otro día dos tropas de los suyos, cada una de ciento cincuenta hombres bien resueltos y armados, con orden de buscar los moradores de Panamá que se escaparon de las manos de sus enemigos; y habiendo hecho correrías por las campañas, selvas y montes de los contornos volvieron, pasados dos días, con más de doscientos prisioneros, tanto hombres como mujeres y esclavos. Volvió el mismo día la barca que Morgan había despachado a la mar del Sur, la cual trajo consigo otras tres barcas, presas que habían hecho en muy poco tiempo, las cuales dieran de buena voluntad, aunque hubieran empleado mayores afanes por un galeón que se les escapó, el cual estaba cargado con toda la plata del rey y abundancia de riquezas de oro, perlas, joyas y, finalmente, de bienes preciosísimos, de los mejores mercaderes de Panamá; llevaba también dentro las monjas de dicha ciudad, que condujeron consigo todos los ornamentos de sus iglesias; consistiendo en mucha cantidad de oro, plata y otras cosas de grande valor.

Las fuerzas de dicho galeón era solo siete piezas de artillería y diez u once mosquetes, sin orden de más velas que las superiores de enmedio y grande falta de agua fresca, poco proveído de víveres y otras cosas necesarias. Todo lo cual, los piratas entendieron de ciertas personas con quien hablaron, en ocasión, que fueron siete hombres en sus chalupas a hacer aguada y, aunque tenían por cierto el cogerle con facilidad, si hubieran dádole caza; principalmente estando asegurados que no podía largamente subsistir en alta mar; no obstante, les impidió el seguirle, los lascivos ejercicios en que estaban totalmente entregados, con mujeres que para ello habían robado y forzado; juntándose a esto la gula con que comían y el vicio de emborracharse de vinos que hallaron a su disposición; amando más, por entonces, gozar de estas cosas que conseguir una tan ventajosa ocasión, cuya presa les sería de más innumerables intereses que todo lo que pudieran hallar en Panamá y sus contornos. El día siguiente (ya arrepentidos de tal negligencia y cansados sus cuerpos y almas de vicios cometidos en el tierno género que hemos declarado) enviaron una barca armada en busca del dicho galeón, pero hallaron ser diligencia frustrada, a causa de que los españoles que en él estaban, fueron advertidos del peligro en que se hallaban, barloventeando cerca los piratas, de quienes huyeron a partes remotas e incógnitas a sus enemigos.

No obstante, los piratas hallaron en los puertos de Tavoga y Tavoguilla algunas barcas cargadas de muchas y muy buenas mercadurías que tomaron, conduciéndolas todas a Panamá, donde, llegando, hicieron los piratas a su caudillo Morgan relación de todo lo que había pasado; los prisioneros lo confirmaron diciendo que casi podían asegurar dónde podría estar el galeón sobredicho, pero que había apariencias serían ya socorridos de otras partes. Aún con todo eso el conductor Morgan mandó preparar todas las barcas que se hallaban en el puerto de la ciudad con intentos de enviarlas en busca del galeón. Salieron dichas barcas, que en todas eran cuatro, y, después que estuvieron ocho días cruzando, perdieron la esperanza de hallar lo que buscaban, resolvieron de volver a Tavoga y Tavoguilla, donde hallaron un razonable navío que había venido de Paytá, cargado de paños, jabón, azúcar y bizcocho, con 20.000 reales de a ocho en moneda, el cual tomaron sin que hubiese quien les hiciera la menor resistencia; estaba junto a dicho navío una barca, de la cual se hicieron posesores y en ella metieron parte de las mercadurías del navío y algunos esclavos que robaron en dichas islas, con cuyas presas partieron para Panamá algo satisfechos de su viaje, pero pesarosos y remordiéndose de la buena fortuna del galeón.

El convoy que Morgan despachó para el castillo de Chagre volvió casi al mismo tiempo, anunciando una buena nueva, que consistía en que mientras el viaje de Panamá, los de Chagre enviaron dos barcas a piratear, las cuales descubrieron un navío español a quien dieron caza; los del castillo, apercibiéndolo, enarbolaron bandera española para engañar a los del navío y, creyendo los españoles iban a refugio, dieron en el lazo, porque metiéndose en el puerto a la defensa de la artillería, hallaron lo contrario que juzgaron; viéndose prisioneros y engañados de los lobos de quien creían haber escapado. La carga que en él hallaron consistía toda en vituallas y provisiones de boca, todo lo cual vino muy a propósito para los piratas que no deseaban otra cosa; porque los del castillo estaban ya muy necesitados de cosas de este género.

Esta fortuna dio ocasión a Morgan de quedar más largo tiempo en Panamá y de disponer cotidianas correrías por todo el país; con que, mientras los unos estaban ocupados en esto, los otros pirateaban sobre la mar del Sur. Enviaban todos los días partidas de doscientos hombres a correr las campañas y, cuando éstos volvían, estaban preparados a salir otros doscientos, por cuyos medios recogieron grandísimo número de riquezas y, no menor, de prisioneros, a quienes dieron los más atroces tormentos que se pueden meditar, para que descubrieran los bienes de los otros y los propios. Sucedió que hallaron a un pobre miserable en la casa de un gran señor que se había vestido unos calzones de seda de su amo; y de la agujeta estaba pendiente una llave de plata; preguntáronle los piratas dónde estaba el cofre de dicha llave. Respondió el infeliz encalzonado, no lo sabía, y que él halló aquellos calzones y llave en la casa y se los había puesto. Con que no pudiendo sacarle de aquel propósito, le estropearon los brazos de tal modo, que se los tornaron y descoyuntaron, y no contentos con esto, le agarrotaron una cuerda a la cabeza, tan apretadamente, que casi le hicieron saltar los ojos, que se pusieron tan hinchados como grandes huevos, pero (¡oh, inhumana crueldad!) no oyendo aún con todo eso más clara confesión de lo que le proponían, siéndole imposible el responder cosa más positiva a sus deseos, le colgaron de los testículos, en cuyo insufrible dolor y postura, le dieron infinitos golpes y le cortaron las narices unos y otros, las orejas y, finalmente, cogieron puñados de paja que encendieron contra su inocente cara y, cuando no pudo más hablar, ni aquellos tiranos no tuvieron más crueldades que ejecutar, mandaron a un negro le diese una lanzada; con que así obtuvo el fin de su martirio. Estos execrables tratos fueron unos de mil semejantes con que dieron último término a los días de muchos, siendo su máxima ordinaria recrearse en estos trágicos anfiteatros.

No perdonaron a ninguno de cualquier sexo o condición que fuese, porque a los religiosos y sacerdotes eran a quien menos concedían cuartel, si no les valía alguna suma de dinero capaz de su rescate. Las mujeres no fueron mejor tratadas, sino cuando se entregaban a las libidinosas demandas y concupiscencias de los piratas; y las que no quisieron consentir, hicieron pasar las más horribles crueldades del mundo; Morgan, que siendo su almirante y conductor, debiera impedir tales infamias y tratar no tan rigurosamente un tan delicado y frágil sexo, era el que primero lo ejecutaba e inducía a los otros lo ejecutasen; manifestándose en esto el peor y más relajado de todos, porque luego que traían a su presencia alguna hermosa y honesta mujer prisionera, la tentaba por todos modos para que condescendiese en sus voluptuosos ánimos; a cuyo propósito referiré una pequeña historia de una dama, cuya constancia debiera quedar escrita en láminas de bronce para perpetua memoria, ejemplo de virtud y perpetua honestidad.

Entre los prisioneros que los piratas trajeron de Tovago y Tovaguilla, se halló una honestísima dama, mujer de uno de los más ricos mercaderes que había en todos aquellos países. Era de juveniles años, tan hermosa, que dudo en la Europa se hallase una de tantas perfecciones y virtud. Su marido se hallaba entonces en el Perú, con las ocupaciones del comercio en que de ordinario se empleaba. Y como oyese la mujer venían piratas a invadir la ciudad de Panamá, se ausentó con otros y otras de sus parientes y amigos para conservar la vida, entre los peligros que amenazaban las crueldades y tiranías de los inconsiderados enemigos. Luego que apareció en la presencia de Morgan fue destinada para sus voluptuosas concupiscencias; y así, mandó la pusiesen en un cuarto aparte, dándola una negra que la sirviese y que la tratasen con todo regalo y atención. Rogaba, con lágrimas y sollozos, la permitiesen quedar entre los otros prisioneros, sus parientes; pero Morgan no lo quiso conceder, y lo más que hizo fue volver a disponer la regalasen y tratasen con particular cuidado, llevándola el manjar de su propia mesa.

Como esta señora hubiese antes oído hablar muy extrañamente de los piratas, antes que llegasen a Panamá, como si no fuesen hombres siendo, como lo habían dicho, herejes que no invocan otro que a Dios Trino y a Jesucristo en cuanto mediador; comenzó después a tener mejores meditaciones, viendo las civilidades que Morgan la hacía, y que muchas veces le oía jurar por Dios y por Cristo, en quien, había presumido antes, no creían los piratas; y que no eran tan malos, ni tenían formas de bestias, como la hicieron relación repetidas veces, bien que no extrañaba les diesen nombre de ladrones porque, decía, se hallaban de aquel género entre todas las gentes del mundo que desean, naturalmente, poseer los bienes de otro, aunque otra mujer de flaco entendimiento la dijo antes que los piratas llegasen, tendría grande curiosidad de ver un pirata; pues que estaba persuadida por su marido a que no eran hombres, sino bestias irracionales; y como ésta, por ocasión, viese a uno, comenzó a gritar diciendo: ¡Jesús: los ladrones son como los españoles!

La disimulada civilidad que Morgan usó con esta dama (cosa bien ordinaria a los que pretenden y no pueden alcanzar) fue bien presto mudada en bárbara crueldad; pues, pasados tres o cuatro días la vino a ver y entretener con discursos deshonestos e impúdicos, comenzándola a proponer los ardientes deseos de quererla gozar. Rehusólo la dama siempre con toda urbanidad y humildes razonamientos, aunque Morgan persistía siempre en sus intentos desordenados, presentándola muchas perlas, oro, y todo cuanto él tenía de precioso. Mas no queriendo en manera alguna consentir, ni aceptar sus riquezas, y viendo la grande constancia de esta Susana, la comenzó a hablar con otro tono, haciéndola mil amenazas; a todo lo cual, por último, respondió con resuelta y constante determinación: Señor, mi vida está en vuestra mano; pero en cuanto a mi cuerpo, tocante a lo que vos me queréis persuadir, será menester que primeramente mi alma se separe de él por la violencia de vuestro brazo. Luego que Morgan entendió esta heroica determinación, la hizo desnudar de sus mejores vestidos, y aprisionar en una hedionda bodega, a donde no la llevaban más que muy tenuísima porción para comer, con la cual apenas podía vivir cortos días.

Rogaba a Dios, la ejemplar señora, la diese constancia y paciencia contra las crueldades de Morgan, el cual, estando convencido de su grande firmeza, la hizo buscar falsas acusaciones que la acusaban de que estaba en inteligencia con los españoles, y que se correspondía con ellos por cartas; siendo su intento encubrir la tiranía de la prisión en que Morgan la tenía. Yo mismo no habría jamás creído hallar tal constancia, si con mis propios ojos y oídos no lo pudiera asegurar, sobre cuyo sujeto diremos en su lugar algo más, y pasaremos ahora a nuestro asunto.

Cuando Morgan hubo estado en Panamá el espacio de tres semanas, hizo preparar todo lo necesario para su partida. Cada compañía de sus tropas tuvo orden de buscar tantos jumentos, cuantos les fuesen necesarios a conducir hasta el río, donde estaban sus canoas, los expolios de la ciudad. En este tiempo se entendió hablar de un grande partido de piratas que intentaban dejar a Morgan, tomando el navío que estaba en el puerto, para irse a piratear a la mar del Sur hasta que hubiesen robado lo que les pareciese bastante y, con ello, volverse por la Indias Orientales a Europa, para cuyo efecto tenían ya muchas provisiones que guardaron en partes ocultas, junto con razonable cantidad de pólvora, balas y otras municiones de guerra: como alguna artillería, mosquetes y otras cosas; con que se fundaban para fortificar y armar dicho navío y plantar una buena batería en una u otra isla que les pudiera servir de refugio.

Hubiérales sucedido como se proponían si uno de sus camaradas no descubriera a Morgan la empresa, el cual hizo, al instante, rajar el árbol mayor del dicho navío y quemarle con todas las otras barcas que estaban en el puerto, con que los designios de sus compañeros se hallaron frustrados. Envió el caudillo muchos españoles a buscar el dinero de sus rescates, no solo por ellos mas también por todos los otros prisioneros, contando entre ellos todos los eclesiásticos, tanto seculares como regulares. Dispuso clavasen y taponasen toda la artillería y envió una buena tropa para buscar al gobernador de Panamá, de quien tenía noticia había hecho muchas emboscadas y se traían algunos prisioneros que declararon como dicho gobernador tuvo intención de oponerse en los pasos del camino, mas que la gente que había destinado para efectuarlo se arrepintió comenzándolo; de modo que no pudo llegar a ejecutarlo, según deseaba.

El 24 del mes de febrero del año de 1671, Morgan dejó la ciudad de Panamá o, por mejor decir, el puesto donde estuvo dicha ciudad, de cuyos despojos llevó consigo ciento setenta y cinco jumentos cargados de oro, plata y otras cosas preciosas, con seiscientos prisioneros, poco más o menos, tanto hombres como mujeres, criaturas y esclavos. Llegaron aquel día a un río que pasa por una deliciosa campaña lejos de Panamá una legua, donde hizo poner en forma todas sus tropas, de modo que los prisioneros estaban en medio circunvalados de piratas; en cuya ocasión no se entendía en el aire más que a gritos, lamentaciones, suspiros y míseras voces de tanta multitud de mujeres y criaturas que creían Morgan los quería transportar a todos y llevárselos a su país; además, entre todos los desdichados prisioneros había grande hambre y sed, cuya miseria quiso así Morgan padeciesen para excitarlos con mayor vehemencia a buscar dineros bastantes a rescatarse, según a tasa que a cada uno había puesto. Muchas mujeres se pusieron de rodillas a los pies de Morgan suplicándole con lágrimas de sangre las dejase volver a Panamá para vivir en chozas que harían hasta la restauración de la ciudad con sus mal aventurados maridos y criaturas; respondíalas el tirano: Cuando vine a vuestras tierras no fue mi intento formar tribunal para oír plegarías, mas con ánimo de buscar dineros. Y que eso era lo que debían procurar hacerle traer; de aquí o de allí, por la vía que les pareciese más conveniente; a pena de que transportaría a todos con él a partes que no querrían.

El día siguiente cuando comenzaron de nuevo a marchar, los gritos y voces lamentosas se redoblaron de tal suerte que era lastimosa cosa y digna de piedad entender tales gemidos; pero a Morgan, hombre sin compasión, no le movían más que a un acero; y así hizo marchar una tropa de piratas delante, los prisioneros en medio y los demás detrás; de quienes los angustiados españoles eran empujados para que caminasen con presteza. La honestísima y hermosa dama de que hemos hecho mención por su grande y valerosa constancia, caminaba separada entre dos piratas, la cual hacía grandes lamentaciones, diciendo había dado orden a ciertos religiosos, en quien se fió, para ir a cierta parte que les declaró a buscar tanto dinero como su rescate importaba; lo cual la habían positivamente prometido pero que después que obtuvieron dinero, en lugar de traérselo, rescataron a algunos de sus amigos, cuya mala acción fue descubierta por un esclavo que trajo una carta a la dicha señora: todo lo cual fue declarado a Morgan y confirmado por la boca de dichos religiosos, que allí estaban, y así dio libertad a la virtuosa dama, que tenía designios de transportar a Jamaica, y detuvo los religiosos por prisioneros en lugar de ella, y los trató como merecían sus incompasivas intrigas.

Así que Morgan llegó al lugar llamado Cruz, situado a las orillas del río Chagre, hizo publicar a todo prisionero que en tres días hubiesen a pagar sus rescates, debajo de la pena mencionada, de ser transportados a Jamaica. Entretanto dispuso se recogiese todo el arroz y maíz que había menester, para las provisiones de todos sus navíos; al mismo tiempo se rescataron algunos de los prisioneros y prosiguió su viaje, dejando la aldea el día 5 de marzo inmediato, llevándose todos los expolios que pudo también, y algunos nuevos prisioneros de dicha aldea, y los que no se habían rescatado de Panamá; excepto los religiosos, que detuvieron el dinero de la dama sobredicha, los cuales, pasados tres días, después fueron librados por la piedad de otros, que la tuvieron mayor que no ellos de ella. A la mitad del camino del castillo de Chagre mandó el caudillo se pusiesen todos en orden según su costumbre, e hizo jurar en general, y a cada uno en particular, no habían encubierto ni reservado para sí cosa del valor de un real de plata; pero teniendo Morgan ya algunas experiencias de que solían jurar falsamente sobre intereses, ordenó que se les escudriñasen las faltriqueras, bolsillos, mochilas y todo lo demás donde podrían haber guardado algo y, por dar ejemplo, se dejó él mismo buscar y rebuscar el primero hasta las suelas de sus zapatos. Los piratas franceses no estaban muy satisfechos de este rebusco, mas por ser el menor número de entre ellos, les fue preciso el pasar por el examen, como los otros cuya diligencia fue hecha por un escudriñador que se nombró de cada compañía; se metieron en sus canoas y barcas que estaban prevenidas en la ribera, y llegaron el día 9 del dicho mes de marzo al castillo de Chagre, que hallaron en buen orden, a la reserva de los heridos que dejaron al tiempo de su partida, a los cuales entendieron ser muertos por la mayor parte.

Envió luego Morgan una grande barca a Portobelo, con todos los prisioneros que tenía de la isla de Santa Catalina, pidiendo el rescate por el castillo en que estaba o que, de otra manera, le arruinaría hasta los cimientos; a que respondieron que no querían consentir de ningún modo a su demanda ni dar un maravedí por dicho castillo y que así, hiciese lo que le pareciese. Distribuyéronse allí los expolios que trajeron consigo, dando a cada compañía su porción o, por mejor decir, lo que Morgan quiso, reservando para sí lo mejor, lo cual los otros sus compañeros le dijeron en su cara; y que había guardado las más ricas joyas, siendo imposible les dejase de tocar más de 200 reales de a ocho que les dieron de todos los latrocinios y pillajes; por los cuales habían tanto trabajado y expuesto su vida a tan manifiestos riesgos; pero Morgan se hizo sordo a todo, como quien quería engañarlos.

Como este caudillo se hallaba entre murmuraciones, temió; y no siéndole propósito quedar más largo tiempo en Chagre, tomó la artillería de dicho castillo y la hizo llevar a su navío. Que derribado la mayor parte de sus murallas, quemado todos los edificios, tanto dentro como fuera y, en fin, arrasado todo cuanto pudo, se fue al navío sin advertir a los compañeros ni tomar consejo, como solía hacer. Dio a la vela, yéndose en alta mar, y no hubo más que tres o cuatro embarcaciones que le siguieron, las cuales (según los franceses dijeron) iban a la parte con Morgan al mejor y más grande expolio. Bien quisieran los dichos franceses buscarle en la mar para tomar venganza, si se hallasen en estado de hacerlo; pero faltábales todo lo necesario; de modo que cada uno tenía bastante pena para hallar de comer suficientemente hasta llegar a Jamaica, a gastar, en breve término, lo que se llevaban de la desolada Panamá, de quien canta don Miguel de Barrios lo siguiente:

El Istmo que divide al Océano,
y junta dos penínsulas, por donde
Panamá al ronco silbo no se esconde
de que el Bóreas encrespa Dragón cano;
serena cuanta ola
del Sur le cimbra con cerúlea cola.

Espera que restaures presidente a Panamá,
donde el inglés pirata niega el paso que el río
de la plata ofrece al español en su corriente;
hasta que al anglo fiero eche
del Istmo con triunfante acero.

Capítulo VII. Del viaje que el autor hizo, barloventeando las costas de Costa Rica, y de lo que le sucedió en el discurso, junto con algunas observaciones que en dicho tiempo apuntó

Dejónos Morgan en tan mísero estado, que era capaz de mostrarnos, al vivo, la paga que al fin los malhechores obtienen, para enmendar y reglar nuestras obras al porvenir; pero siéndonos ya preciso el buscar camino por donde valernos, proseguimos nuestro viaje, barloventeando Costa Rica, donde era nuestro intento adquirir algunas vituallas y calafatear en parte segura nuestra barca, que estaba del todo casi en la imposibilidad de hacer viaje. En pocos días llegamos a un grande puerto llamado Boca del Toro, en el cual se halla cantidad de buenas tortugas; tiene de circunferencia 10 leguas, poco más o menos, rodeado de islas; de suerte que los navíos al abrigo de ellas quedan en seguridad del ímpetu de vientos.

Poseen indios dichas islas, a quienes jamás los españoles han podido subyugar y, por eso, los dan el nombre de indios bravos. Están divididos por la variedad de términos de su lengua, en diversidad de costumbres y condiciones, de que se origina entre ellos una guerra perpetua. Al lado del oriente se hallan algunos de ellos que en tiempos pasados comerciaban mucho con los piratas, vendiéndoles muchos animales que cazan en sus países y toda suerte de frutos que la tierra da, siendo el cambio de estas cosas, hierro que los piratas llevan, corales y otras chucherías de que ellos hacen gran caso, para engalanarse como si les llevasen preciosas joyas, de que no hacen mención aunque las vean. Cesó este comercio, porque los piratas cometieron barbaridades contra ellos en ciertas ocasiones, que mataron muchos hombres y cogieron sus mujeres para servirse en sus desenfrenados vicios; que fue bastante razón para poner entredicho perpetuo en la continuación de más amistades.

Fuimos nosotros a buscar algunos refrescos, siendo nuestra necesidad muy extrema; pero, por mala fortuna, no hallamos más que unos huevos de cocodrilo, de que nos fue preciso el contentarnos por entonces. Partimos de aquellos parajes para los del oriente y encontramos otras barcas con gente del gremio que eran nuestros precedentes camaradas en la congregación de Morgan, los cuales nos dijeron no habían podido hallar consuelo en la grande hambre que padecían; asegurándonos, que ya dicho Morgan estaba reducido con toda su gente a tal miseria, que no podía darlos de comer mas que una vez al día, y ésa muy escasa.

Nosotros que vimos los pocos frutos que los otros de allí habían conseguido, fuimos a la costa del Occidente, en cuyos parajes pescamos excesiva cantidad de tortugas, tantas que nos eran necesarias para la provisión de nuestras barcas, aunque fuese por largo tiempo el que careciésemos de carnes o pescados. Hallámonos, después, faltos de agua fresca; no porque en las islas próximas dejase de haber con abundancia, pero no osamos saltar en ellas para buscarla, por las razones sobredichas de enemistades con los indios. No obstante, como en tiempo apretado es menester hacer como se puede y no como se quiere, nos resolvimos a ir todos juntos a una de dichas islas; un partido penetró los bosques y el otro llenaba los toneles de agua. Aún no se pasó hora entera después que nuestra gente estuvo en tierra, cuando al improviso vinieron los indios, y oímos de uno de los nuestros: ¡A las armas! Las cogimos y tiramos cuanto nos fue posible contra ellos, los cuales no tuvieron ánimo de avanzarnos, antes aún a carrera abierta se refugiaron en los bosques; perseguímoslos un poco de tiempo, pero nuestra agua estimábamos por entonces más que todas otras cualesquiera ventajas. Hallamos dos indios muertos y los ornatos del uno dieron indicios era hombre de condición, sobre el cual hallamos un ceñidor muy ricamente tejido y una barba de oro, esto es, una pequeña plancha que tenía pendiente a los labios por dos hilos, a dos pequeños agujerillos donde estaba atada y le caía sobre la barba. Sus armas eran hechas de astillas de árboles palmites, bien menudamente trabajadas, y a una extremidad tenían una forma de garfio, que parecía estar un poco quemado. Quisiéramos haber tenido la ocasión de hablar un poco con alguno, por ver si, por dulzor de palabras, podíamos reconciliar sus ánimos, a fin de comerciar con ellos y obtener vituallas, que era casi imposible, por lo agreste y salvaje de sus personas; y, aunque todo esto se pasó así, llenamos nuestros toneles de agua y los llevamos a bordo.

Entendimos grandes gritos la noche siguiente entre los indios, cuyas voces nos hicieron creer convocaron mucha gente a su socorro los primeros para emprender el cogernos, y que las mismas lamentaciones les servían para dar a entender el dolor que les causó hallar los dos muertos que dijimos. No vienen jamás sobre las aguas de la mar estos indios, ni se han dado a labrar canoas, ni otra suerte de embarcaciones aún para pescar, lo que totalmente ignoran. Y así, no teniendo más que esperar de aquellas partes, resolvimos la partida para Jamaica, que era el lugar de nuestro destino. Tuvimos el viento contrario, y así bogamos hasta la ribera del Chagre, donde descubrimos un navío que nos dio caza; creíamos era navío de Cartagena enviado al socorro y provisión del mencionado castillo; con que desplegamos todas nuestras velas, corriendo con viento en popa, para buscar algún refugio o escapar; pero estando más velero y diestro que el nuestro, nos ganó el barlovento y atajó el curso; acercándose tanto que descubrimos, y ellos conocieron, éramos recíprocos camaradas en el trato y que tenía designios de ir a Nombre de Dios y de allá a Cartagena, con ánimo de buscar su fortuna; mas como, por entonces, el viento fuese contrario resolvieron el irse en nuestra compañía hacia la parte llamada la Boca del Toro.

El caso y encuentro sobredicho nos atrasó tanto nuestro camino en el poco tiempo de dos días, que en quince no podríamos recuperar, lo cual nos obligó a volver a nuestro primer lugar, donde quedamos breve espacio de tiempo y de allí pusimos la proa para la Boca del Dragón para hacer provisiones de carne de ciertos animales que los españoles llaman manatíes, y los holandeses vacas de mar, por razón que la cabeza, nariz y los dientes son muy semejantes a los de una vaca. Hállanse en sitios donde la profundidad de las aguas son muy llenas de hierba, que por analogía, se puede decir, pacen; no tiene orejas y en lugar de ellas tiene dos pequeños agujeros que apenas podrán meter por ellos el dedo meñique de un hombre; cerca del cuello tienen dos alas, debajo de las cuales están dos ubres o tetas, como las de una mujer; la piel es toda unida, a modo de la de un perro de Berbería, y su espesor encima de la espalda se halla gruesa de dos dedos, la cual, estando seca, es tan dura como la de barbas de ballenas, y pueden hacer curiosos bastones a la mano de ellas; el vientre todo es semejante al de una vaca hasta los riñones; su modo de engendrar es del todo parecido a dicho animal terrestre, siendo el macho ni más ni menos que un toro; no pare más que uno cada vez, pero el tiempo que tardan en parir no he podido saberle. Tales peces tienen el sentido del oído muy agudo, de suerte que para pescarlos no se debe hacer el menor rumor, ni aún remar más que muy ligeramente; por cuya razón se suelen servir de ciertas invenciones para bogar, que los indios llaman pagayos, y los españoles caneletas, que aunque con ellas remen no hacen ruido, por el cual se huyan; en dicha pesca no se habla, más lo que uno a otro quiere significar es por señas; el que debe tirar el arpón o garrocha, lo ejecuta del mismo modo que cuando quiere pescar tortugas, aunque los arpones son diferentes, teniendo dos garfios a las dos extremidades y más largos que los de la otra dicha pesca. Hállanse estos pescados grandes, de veinte a veinticuatro pies de longitud; su carne es muy buena para comer y se parece mucho, en el color, a la de vacas terrestres y, en el sabor, la de puercos. Tienen mucha manteca, que los piratas suelen derretir y guardar en pucheros de España para servirse de ella en lugar de aceite.

Cierto día, en el cual no habíamos podido pescar cosa alguna, fuimos unos a la caza y otros a otra pesca; más bien presto, vimos una canoa en que estaban dos indios, que así como nos descubrieron remaron con gran fuerza otra vez hacia su tierra, por no querer comerciar de manera alguna con los piratas. Seguímoslos hasta la costa, pero con su ligereza, siendo mayor que la nuestra, se retiraron antes que pudiésemos llegar a ellos, tirando su canoa al bosque como si fuese una paja, aunque pesaba más de dos mil libras; la cual, como nosotros la hallásemos, tuvimos grande pena a volverla al agua, estando para arrastrarla once personas.

Teníamos por entonces un piloto que había estado diversas veces, en aquellas partes, el cual nos contó que entre otras, una flota de piratas llegó allí y salieron en canoas a la pesca y caza de pájaros, cerca de las orillas de la mar a la sombra de árboles muy vistosos que allí se hallan, a los cuales algunos indios se habían antes subido a dichos árboles; los cuales, como viesen las canoas debajo se lanzaron de lo alto a la mar y cogieron, con gran diligencia, algunos piratas, que transportaron al instante a lo más remoto de sus bosques, con una sutileza más que común, antes que los otros pudiesen ser socorridos. Sobre esto el gobernador de la dicha flota fue a tierra con quinientos hombres bien armados para buscar y librar sus compañeros, y que vieron venir un tan excesivo número de indios, que les fue necesario retirarse con presteza a sus navíos. Concluyendo, que si tal fuerza no había podido hacer nada, no nos era ventajoso quedar más largo tiempo. Salimos, pues, de allí trayéndonos sus canoas, en las cuales no hallamos nada dentro más que una red para pescar no muy grande, y cuatro saetas hechas de palo de palmas, largas de siete pies cada una, de la figura que aquí ponemos: creyendo que tales son sus armas. Las canoas estaban hechas de cedro, muy groseramente labradas, por cuya razón creemos que aquellas gentes no tienen instrumentos de hierro.

Hallaron nuestros compañeros puercoespines, de monstruosa forma; pero nuestra caza consistía en monos y algunas aves que se nombran faisanes. Nuestra pena parece que se nos disipaba con el raro gusto de la caza de dichos monos, a los cuales tirábamos tal vez quince o dieciséis pistoletazos, sin poder matar más que tres o cuatro, porque aún estando bien heridos se nos escapaban. Las hembras llevan siempre sobre sus espaldas a los hijuelos, como hacen las mujeres negras; cuando alguna persona pasa por debajo de los árboles, suelen los monos que en ellos están encaramados soltar sus excrementos sobre las cabezas de los viandantes. Sucede que si disparando contra una tropa de ellos hieren alguno, los otros le acuden poniendo la mano sobre la herida, porque la sangre no salga; otros cogen del veleño que crece en los árboles y estancan la sangre, metiéndole dentro de la llaga; algunos mezclan ciertas hierbas y las ponen a modo de emplasto. Todo lo cual me causaba grande admiración, viendo acciones tan prodigiosas en irracionales, que manifiestan la fidelidad bien ejecutada, los unos a los otros.

El nono día que allí llegamos, estando las mujeres esclavas que teníamos ocupadas en sus ordinarios empleos, como traer agua de pozos, que a las orillas de la mar habíamos hecho, fregando, cosiendo, etc., entendieron grandes gritos de una de ellas que decía haber visto una tropa de indios hacia el bosque, con que al momento que los descubrió voceaba diciendo: ¡Indios, Indios! Nosotros que oímos el rumor, corrimos con las armas a su socorro y llegamos al bosque, donde no hallamos persona alguna más que dos de nuestras pobres mujeres muertas a flechazos; en cuyos cuerpos vimos tantas saetas, que parecía las habían clavado por particular gusto; porque, sabíamos, una era bastante para perder la vida. Eran estas flechas de una hechura rara: su longitud de ocho pies, gruesas como un dedo; a una de las dos extremidades estaba un garfio hecho de palo atado con un hilo y al otro parecía la forma de un estuche, dentro del cual hallamos unas menudicas piedrezuelas; el color era rojo muy bien atezado y resplandeciente, como si hubiesen estado enceradas, las cuales, creímos todos, eran armas de sus capitanes.

A. Una marcasita que estaba atada a la extremidad.
B. Un garfio atado al mismo extremo.
C. La flecha.
D. El estuche del otro extremo.

Estas flechas eran labradas sin instrumento férreo; porque todo lo que los indios labran, lo queman primero, con grande sutileza, hasta tanto que queda muy menudo; después con marcasitas las pulen y unen curiosamente.

Cuanto a la constitución de estos indios son de natural robustísimos, sueltos y ligerísimos en la carrera. Buscámoslos aún por los bosques, de quien ni aún rastro hallamos, ni barcas, ni pontones de que se suelen servir para salir a la pesca; y así, nos retiramos a nuestro navío, donde después de haber embarcado nuestra ropa y bienes, nos fuimos a alta mar, temiendo no viniesen en número considerable y, siendo más fuertes, nos despedazasen a todos.

Dejamos aquel puesto, y en veinticuatro horas llegamos a otro llamado río de Zuera, donde hay algunas casas que pertenecen a la ciudad de Cartago. Viven en ellas algunos españoles, que resolvimos visitar, porque no pudimos pescar tortuga alguna, ni hallar sus huevos. Habíanse escapado todos de dichas casas, donde no dejaron mantenimiento; de modo, que nos fue preciso contentarnos de ciertos frutos que allí llaman plátanos, de los cuales llenamos nuestras barcas y nos fuimos costeando la ribera, buscando una ensenada donde calafatear nuestro navío que estaba todo lleno de hendiduras; en tan peligroso estado que, día y noche, era menester dar a la bomba; empleando en ello todos nuestros esclavos; tardamos de este modo quince días, con sobresaltos continuos de perecer y llegamos a un puerto llamado Bahía de Blecvelt, por un pirata que solía llegar a él con el mismo designio que nosotros. Allí unos fueron por los bosques a la caza y otros emprendieron acomodar nuestra embarcación.

Capítulo VIII. Parte el autor para el cabo de Gracias a Dios; negociación que los piratas hacen allí con los indios, como también llegada a la isla de los Pinos y, finalmente, su vuelta a Jamaica

El grande temor que tuvimos por los indios a causa de la muerte de las dos pobres esclavas que dijimos, nos hizo resolver a partir con gran diligencia de aquel puesto. Enderezamos nuestro curso hacia la isla o cabo de Gracias a Dios, donde teníamos fija nuestra última esperanza para hallar provisiones; suponiendo que allí viven o concurren muchos piratas que tienen correspondencia y trato con los indios de aquellas partes; llegado que hubimos a dicha isla, con grande alegría dimos gracias al Señor por habernos librado de tantos peligros y llevándonos a un lugar de refugio donde hallamos gentes que nos mostraron cordial amistad y nos proveyeron de todo lo que necesitábamos.

Es costumbre en aquel país, que cuando los piratas llegan cada uno puede comprar una india por el precio de un cuchillo o un viejo destral; por tal compra, la india es obligada a quedar en poder del pirata hasta que de allí parta, entre cuyo tiempo debe servirle y buscarle de comer de toda la suerte de víveres que la tierra da, teniendo libertad el pirata de ir cuando se le antoja a la caza, pesca y otros divertimientos de su gusto, no siéndoles permitido de hacer insultos, pues los indios les traen todo cuanto necesitan y les piden.

Con la frecuencia y familiaridad que estos indios tienen con los piratas, acostumbran, tal cual vez, de irse con ellos a la mar y quedan años enteros sin volver a sus casas de que resulta saber hablar muy bien las lenguas inglesa y francesa y muchos piratas, la indiana. Son muy diestros para tirar el arpón, con que les dan mucha utilidad para el sustento de sus navíos con la pesca de tortugas y manatíes; porque un indio es capaz de abastecer una nave de cien personas. Teníamos dos de los nuestros, que hablaban bien la lengua indiana, por cuyo medio fui curioso de saber lo más digno y notable de sus políticas, vida y costumbres de que daré aquí breve noticia.

Tiene esta isla casi 30 leguas de circuito, se gobierna como una pequeña república sin rey ni soberano y sin amistad con otros de otras islas circunvecinas, ni menos con españoles; componen un pequeño pueblo, cuyo número no excede de mil seiscientas o mil setecientas personas que sirven algunos de algún esclavo negro, los cuales llegaron allí nadando por naufragio llevándolos a tierra firme los blancos, a quien mataron con intento de volverse con el mismo navío a sus tierras, que no pudieron conseguir por ser marineros poco diestros; pues, por su poco gobierno, dieron a la costa. Aunque, como dije, es pueblo corto, viven como divididos en dos semejanzas de provincias, de las cuales la una se entretiene en sus plantíos y la otra, son tan perezosos, que no tienen el ánimo de fabricar chozas para vivir de aquí allí, sin saberse cubrir de las lluvias (que son frecuentes en aquellas partes) más que con hojas de palmas, las cuales se ponen en la cabeza y las espaldas, siempre contra el viento, no usando vestido alguno, si no es de cierto ceñidor que baja hasta cubrir las partes verecundas hecho de cortezas de árboles que baten fuertemente, tanto que basta para ablandarlas; de estas mismas se sirven para dormir encima en lugar de colchones; algunos los hacen de algodón, mas en corto número. Sus armas son azagayas, que acomodan con algunas puntas de hierro o algunos dientes de cocodrilos.

Conocen en alguna manera a Dios, pero viven sin religión ni culto divino y, según yo juzgo, no sirven ni creen en el diablo, como muchos indios de la América creen, adoran e invocan; con que no son tanto atormentados como las otras naciones. Su ordinario mantenimiento, por la mayor parte, consiste en los frutos bananas, bacoves, ananas, patatas, cazave; como también cangrejos y algunos pescados que pescan en la mar a flechazos. Cuanto a la bebida que usan, son industriosos para componer licores delicados; la más ordinaria llaman Achioc, y ésta la hacen de cierta simiente de palma, mojándola con un poco de agua caliente, y dejándola dentro hasta que todo se vaya al fondo y que, colada, tiene un gusto muy agradable y es muy sustanciosa. Otras suertes de bebidas preparan, que omito por evitar prolijidad; solo diré de aquella que componen de plátanos, que amasan entre las manos con agua caliente y después echan en calabazas grandes que acaban de llenar de agua fría y las dejen reposar ocho días que dura en fermentar, como si fuese del mejor vino; bébenlo por regalo, de tal suerte, que cuando estos indios convidan a sus amigos o parientes no saben tratarlos mejor que dándolos este tal licor.

No saben aderezar de comer, y así son raros cuando banquetean a otros; vanse, por este fin, en casa de los que quieren convidar, diciéndoles vengan a beber de sus licores y, un poco antes que los convidados lleguen al puesto señalado, los que esperan se peinan muy bien sus cabellos y se untan después la cara con aceite de palma mezclado con alguna tintura negra que les pone disformes; las mujeres se enalmagran sus caras que aparecen rojas como el carmín y éstas son las máximas más civiles que usan para sus ornatos. Toma después el convidante sus armas, que son tres o cuatro azagayas, y sale de su choza apartándose de ella 300 o 400 pasos al camino por donde los convidados deben venir, y viéndolos acercarse se deja caer en tierra boca abajo, donde queda sin hacer más movimiento que si estuviera muerto; entonces, llegan los amigos y le ponen en pie y van juntos hasta la puerta de la choza, delante de la cual los huéspedes se dejan caer, también, en tierra como el otro hizo, a los cuales levanta, uno a uno, el convidante y, agarrándole por la mano, le conduce adentro y hace sentar; las mujeres en tales casos no ejercen muchas ceremonias.

Presenta luego a cada uno una calabaza llena de licor de plátanos, que es muy espeso a modo de papas, la cual tendrá dos azumbres dentro que debe tragar del mejor modo que pueda, con que habiéndola cada uno vaciado en su estómago, va el convidante con muchas ceremonias recogiendo sus calabazas y, hasta entonces, no es más que una bienvenida. Comienzan después a beber del licor claro que arriba dijimos, por el cual fueron llamados al banquete; síguense a esto muchas canciones, danzas, y mil caricias con sus mujeres; de tal modo que para significarlas su grande amor, toman algunas veces sus azagayas y con las púas de ellas se atraviesan las partes genitales, lo cual yo no pude creer por más que me lo habían asegurado hasta que mis ojos fueron verdaderos testigos de semejantes acciones. No lo hacen solo en dichas ocasiones, más también cuando están amorosos y quieren dar a entender su gran constancia y afición.

Casarse no lo acostumbran sin consentimiento de los padres de la moza y si alguno pretende matrimonio, ha menester que primero el padre de la doncella le examine preguntándole en lo que puede trabajar, que de ordinario es si sabe hacer azagayas, arpones o hilar hilo, que usan para sus flechas; con que, respondiendo a propósito, el examinador pide a su hija una pequeña calabaza llena del sobredicho licor, del cual él bebe primero, da al pretendiente y, finalmente, éste a la novia, quien termina de beber; con cuya ceremonia el casamiento está hecho. Cuando alguno bebe a la salud del otro, debe el segundo consumir todo el licor que en la calabaza queda del primero, pero en caso de bodas solo entre los tres se consume siendo la desposada la mejor librada.

En los partos la mujer, ni el marido, guardan el tiempo como hacen los caribes; pero, después que parió la mujer se va al instante al río, arroyo o fuente y lava su criatura envolviéndola sucesivamente en ciertas fajas que allí llaman calabas y, así preparada, se vuelve a su ordinario trabajo. En los entierros, practican que, cuando un hombre muere, la mujer le debe enterrar con todas sus azagayas, cinturas y joyas, las cuales traía pendientes a sus orejas. Su obligación es venir todos los días a la sepultura de su marido llevándole a comer y beber un año entero, que cuentan por la Luna, observando quince, que hacen el círculo completo, como nosotros doce meses.

Algunos historiadores (escribiendo de las islas Caribes) dicen que esta ceremonia por los muertos las observan entre ellos generalmente y que el diablo viene a los sepulcros y se lleva todo lo que cerca de ellos ponen de comida y bebida; pero yo no soy de esta opinión, pues que he llevádome y comido todas esas ofrendas muchas veces, sabiendo que los frutos de tales ocasiones son los más selectos y maduros, como también delicados licores cuanto permite el uso más regalado. Cuando la vida ha continuado así dicho año, abre la sepultura y saca todos los huesos de su dicho marido, que lava y seca a los rayos solares; que después ata todos juntos, los mete en una cabala a modo de zurrón, siendo obligada a llevarlos a cuestas otro año entero de día y de noche, dormir sobre ellos hasta el fin de dicho tiempo, que completo, ata contra el marco de la puerta de su casilla, si la tiene y, si no, a la de su más próximo vecino o pariente.

No pueden volverse a casar segunda vez las viudas, según sus leyes, antes que el término de dichos dos años sea completo. Los hombres no son obligados a tales ceremonias y, si algún pirata se casa con alguna indiana, ella debe hacer en todo y por todo con él como si fuera un indio. Los negros que están en esta dicha isla viven en todo y por todo según su propia costumbre. Todo lo cual pareciéndome digno de la curiosidad más cultivada he querido en breve traer aquí como de paso y seguiré mi viaje diciendo que, después de habernos refrescado y proveído lo mejor que nos fue posible, partimos de allí para la isla de los Pinos, a la cual llegamos en quince días, siéndonos otra vez preciso acomodar nuestra embarcación, que ya estaba llena de hendiduras; lo cual al punto ejecutamos, dividiéndonos unos a este trabajo y otros a la pesca, que nos produjo tan ventajosamente que en seis o siete horas cogimos tanto pescado cuanto era bastante a dar de comer con abundancia mil personas hambrientas; teníamos con nosotros algunos indios del cabo de Gracias a Dios, que eran muy diestros en la pesca y en la caza, y como en esta isla hay grande cantidad de vacas, que los españoles otras veces llevaron allí para multiplicar, matamos en breve tiempo tantas como hubimos menester para saciar nuestros apetitos y salar para provisiones de mar. No fue menor la abundancia de tortugas que obtuvimos, con lo cual comenzaron todas nuestras inquietudes y penas a disiparse, poniéndolas en profundo olvido y, así, principiamos a llamarnos los unos a los otros por el nombre de hermanos, de que antes en nuestras miserias no teníamos ánimo de mirarnos sin ceño recíproco.

Comimos abundantemente, sin tener temor de algún enemigo, porque los españoles y nosotros estábamos allí en buena amistad; solo que nos era preciso hacer guardia toda la noche por la mucha abundancia de cocodrilos que en aquella isla corren, sabiendo que cuando están hambrientos combaten a los hombres para comérselos, como sucedió a uno de nuestros camaradas, el cual se fue con un negro al bosque, donde estaba encubierto un cocodrilo que se avanzó con furia a dicho nuestro camarada y, cogiéndole por un pie, le echó por tierra; mas, siendo hombre robusto, fuerte y animoso, sacó su cuchillo, y después de muchos peligrosos combates, mató al animal. No obstante, cansado de tanta defensa y flaco por la mucha sangre que le corrió de las heridas, quedó medio muerto o como desmayado en tierra, hasta tanto que el negro (habíase huido) volvió y cargó acuestas con su amo, al cual llevó a las orillas de la mar (que de aquel puesto estaba una legua) donde venimos con una canoa, y le llevamos a bordo de nuestro navío.

No osó después volver persona sola al bosque, sin muy buena compañía, y estando nosotros pesarosos de la mala fortuna de nuestro compañero, fuimos atropados, buscando cocodrilos que matar. Veníanse estos animales de noche cerca de nuestro navío, haciendo figura de querer subir arriba, mas nosotros agarramos uno con un garfio, el cual tuvo el atrevimiento de comenzar a montar por la escala de nuestra nave. Después que allí hubimos quedado largo tiempo y reparado todo lo que nos hacía antes falta, partimos para Jamaica, a la cual, con próspero suceso, llegamos en breves días y hallamos a Morgan, cuyo resto de camaradas aún no había visto, siendo nosotros casi de los primeros.

Persistía dicho caudillo en querer conducir gente a la isla de Santa Catalina para fortificarla como propia, mas impidióle el designio un navío de guerra de Inglaterra, que llevaba orden del rey, para que el gobernador de Jamaica viniese a la corte de Londres a dar cuenta y satisfacción de todos los procederes tocantes las piraterías que había mantenido en aquella isla, con tanto menoscabo de los vasallos de su majestad católica. Traía, también, un nuevo gobernador, que al punto hizo advertir, con barcas que para ello despachó a todos los puertos del la isla, la buena correspondencia que el rey su señor pretendía tener y tenía con la majestad Católica y sus vasallos; y que de allí adelante no se sufriría jamás que algún pirata saliese de Jamaica para cometer hostilidad alguna contra los españoles, ni contra otro alguno que se fuese.

Luego que todos entendieron estas órdenes, y los piratas que estaban aún en mar tuvieron temor, de suerte, que no se atrevieron, los que fuera se hallaban, a volver a dicha isla, quedándose en la mar y haciendo tantas maldades, cuantas les era posible. Algún tiempo después los mismos piratas tomaron una villa, la cual llaman los Cayos en donde cometieron toda suerte de hostilidades y bárbaras crueldades; pero el nuevo gobernador de Jamaica, con prudencia rara, hizo tanto que cogió a los más y, no perdonándosela, los ahorcó a todos, cuyo escarmiento evitaron otros, que se retiraron a Tortuga, y se juntaron con los franceses, en cuya compañía perseveran hasta el presente.

Relación del naufragio que Monsieur Beltran Ogeron, gobernador de la isla de Tortuga padeció, y cómo caló él y sus compañeros entre las manos de los españoles; cuéntase la sutileza con que salvó su vida; empresa que forjó contra Puerto Rico para librar a su gente, y cómo no le sucedió según su designio

El año de 1673, sucedió que los habitantes de las islas francesas juntaron una flota considerable para ir a tomar las islas de la América, pertenecientes a los poderosos estados de Holanda; por cuyo fin el General de su flota convocó, de la parte del rey de Francia, a todo pirata y voluntario que quisiera unirse a su bandera. Fabricóse un navío de guerra en el puerto de Tortuga, al cual se le puso por nombre Ogeron; armóle de toda suerte de bucaniers, con intento de seguir al general y a su flota. Su primera intención era ir a la isla de Curaçao, que no se verificó, a causa de un naufragio que les cortó el curso de su gloria.

Ogeron, pues, salió del puerto de Tortuga con determinación de juntarse a la dicha flota y, habiendo llegado al poniente de la isla de San Juan de Puerto Rico, le sobrevino una furiosa tempestad, que fue causa de dar su navío contra los peñascos cercanos a las islas Guadanillas, donde se redujo en millares de pedazos; pero, como se hallaron cerca de tierra, se salvaron en chalupas que tenían dentro.

El día siguiente, cuando ya todos estaban en tierra, fueron descubiertos por los españoles que allí viven, a los cuales estimaron por piratas franceses, que creían era su intento tomar de nuevo la isla como antes lo habían hecho diversas veces; y así, juntaron toda su gente y salieron al encuentro de los franceses, a quienes hallaron desprovedos de todas armas y, por consecuencia, inhábiles a la defensa; de modo que clamaron misericordia y benignidad, pidiendo cuartel a los españoles, los cuales, acordándose de las horribles y crueles acciones que habían cometido tantas veces, respondieron diciendo: Ah, perros ladrones, ¡no hay cuartel para vosotros! Y descargándose sobre ellos, mataron a la mayor parte; no obstante, viendo no hacían resistencia alguna y que no tenían algunas armas, cesaron el rigor y tomaron por prisioneros los que quedaron en vida, aún creyendo que el designio de los mal afortunados franceses era de haber querido tomar y arruinar la isla.

Atáronlos de dos en dos y de tres en tres y, así, los condujeron a las sabanas o campañas rasas, en cuyos sitios les preguntaron donde estaba su conductor y capitán; a que respondieron, se había anegado en el naufragio, aunque sabían cierto era falso, porque Ogeron, no siendo conocido de los españoles, se comportó de modo como si no supiese casi hablar. Los dichos españoles no creyendo lo que los prisioneros decían, hicieron exquisitas diligencias para hallarle; mas, entretanto, dicho Ogeron se tenía en todas sus figuras y acciones como si fuese loco, el cual no ataron como a los otros porque servía de entretenimiento y risa a los soldados, que algunas veces le daban tal cual mendrugo de pan, cuando los otros no tenían nada para satisfacer a sus caninos estómagos; siendo tan corta la porción que les daban que apenas podían vivir con ella.

Había entre ellos un cirujano, el cual habiendo hecho servicios notables a los españoles, fue desatado como Ogeron, que viendo el rudo trato que hacían a sus compañeros, propuso al dicho cirujano lo que resolvió, que era: exponerse a los peligros de la vida para escaparse; que emprendieron yéndose a los bosques, con ánimo de hacer alguna invención navegable, aunque no se hallaban más que con un solo destral, que les pudiese servir en tal caso. Comenzaron, pues, los dos la marcha y, cuando hubieron caminado todo el día, llegaron al anochecer a las riberas de la mar, donde no se hallaron con cosa alguna que comer, ni parte asegurada para recogerse a dormir. Vieron a las orillas del agua grande cantidad de pescados que llaman corlabados, que acostumbran venir a buscar a los bordes del agua ciertos pescadillos que les sirven de mantenimiento; tomaron cuantos les fueron necesarios y encendieron fuego por medio de dos pedazos de madera, que frotaron prolijamente el uno contra el otro, de tal modo, que hicieron brasa para asar todo su pescado y, mientras se asaba, comenzaron a cortar madera para labrar un género de chalupa con que atravesar hacia la isla de Santa Cruz, que pertenece a los franceses. Descubrieron mientras esto hacían, una canoa a lo lejos, la cual traía la proa hacia donde ellos estaban, temieron y, así, se retiraron más adentro en lo más espeso del bosque, donde estuvieron hasta ver y distinguir la gente que traía, que no eran más que dos hombres; en su disposición y aparato, pescadores. Concluyeron arriesgar la vida y emprender vencerlos, con que divisaron a uno de ellos que se encaminaba solo, cargado de calabazas, a un arroyo cerca del puesto donde ellos estaban; eran los dos un español y un mulato, el cual caminó algún trecho solo, porque su compañero quedaba un poco atrás, viéndole detenido; diéronle al mulato un grande golpe en la cabeza con el destral, que fue bastante para quedar, luego, allí muerto; con que, el otro español, oyéndolo, huyó como otra vez a la canoa para escaparse, mas no pudo tan presto, que al mismo tiempo no llegasen los dos y, dentro de ella misma, le mataron. Fueron a buscar el otro cuerpo, que trajeron con designios de llevar los dos en alta mar y, en ella, echarlos para sustento de pescados y, con eso, evitar lo conociesen los españoles a la larga o a la corta.

Hecho todo esto tomaron con prisa el agua fresca que pudieron y se fueron a buscar algún lugar de refugio para esconderse, mientras el día pasaba; que no era tan corto que no tuviesen lugar de ir a las costas de Puerto Rico, hasta el Cabo Rojo, de donde atravesaron derechamente hasta la Española, en la cual estaban sus compañeros y camaradas. Las corrientes del agua y los vientos les fueron muy favorables; tanto, que en pocos días llegaron a un lugar llamado Samaná, en el cual hallaron un partido de su gente.

Dio orden Ogeron al cirujano de juntar por toda la costa tanta gente cuanta fuese posible y él partió para Tortuga, en cuya isla procuró algunos navíos que le asistiesen; de modo que, en poco tiempo, juntó un muy buen número preparados a seguir y ejecutar sus designios, que eran ir a librar los prisioneros que quedaron, como está dicho. Después que hubo embarcado la gente que el cirujano había buscado y todo lo demás, les exhortó a tener ánimo, diciendo: Grandes expolios y riquezas tendréis todos y así, cobardía fuera, llenad vuestros corazones de generoso brío, que con eso os hallaréis satisfechos bien presto de lo que ahora son esperanzas solamente. Fióse cada uno en sus promesas y hubo general alegría y, sin aguardar más tiempo, soltaron las velas, guiando el timón a las costas de Puerto Rico, de las cuales llegando a ver de lo alto sus mástiles, no se sirvieron más que de sus bajas velas, a fin de no ser descubiertos de los españoles hasta llegar al puesto donde determinaron echar pie a tierra.

Los españoles (no obstante esta sutileza), estando advertidos de su venida, se prepararon a la defensa y escuadronaron todo el largo de la marina y tropas de caballería para observar la salida de los franceses. Visto por Ogeron todo esto, dio orden de acercarse a la costa y que disparasen mucha artillería, con que forzó a la caballería a buscar puestos donde cubrirse dentro del bosque, donde estaban encubiertas tropas de infantería que se habían agazapado el vientre contra tierra; mientras, los de los navíos salían fuera y comenzaban a entrar en los bosques, a cuyo tiempo los españoles se levantaron con furia y embistieron contra los franceses, tan briosos, que en poco tiempo los arruinaron en parte y dejando cantidad de muertos en el campo, el resto (con gran pena) se salvaron en sus navíos.

Ogeron, aunque escapó, estaba medio muerto de la pena que le causó la infausta reducción de su empresa y porque veía en su idea que los que quería librar se hallaban más retrocedidos de las esperanzas que habían, hasta entonces, tenido; y así, su flota se apresuró en dar a la vela y tornarse por donde habían venido, llenos de confusión; menos en número y ligerísimos de los expolios españoles, cuyas esperanzas les alargaron la voluntad para salir contentos, debajo de las promesas del infortunado Ogeron. Los españoles estuvieron vigilantes y reacios en los bordes de la mar, hasta que la flota fue perdida de su vista y, entretanto, acabaron de matar a los que, por heridos, no pudieron correr para escaparse y cortaron algunos miembros de los cuerpos muertos con intención de mostrarlos a los otros viejos prisioneros, por cuya redención vinieron estos otros.

Encendieron en la isla fuegos y luminarias de alegría por la victoria de sus armas; mas los prisioneros franceses tuvieron un miserable trato, el cual vio Jacob Binkes, gobernador, por entonces, en la América, por los señores Estados Generales de las Provincias Unidas, que llegó a la dicha isla de San Juan de Puerto Rico, con algunos navíos de guerra para comprar provisiones y otras cosas necesarias al refresco de su armada y, por compasión, se trajo cinco o seis, que sirvió de mayor encono a los españoles; pues enviaron a los otros prisioneros a su ciudad principal, donde les emplearon para trabajar en las fortificaciones que se hacían, llevando y trayendo materiales; que acabadas, el gobernador les remitió a La Habana, y allí trabajaban del mismo modo de día y, de noche, los encerraban. Temiendo no diesen algún ataque a la ciudad, de cuya empresa tenían ya los españoles demasiadas pruebas y razones, para tratarlos de aquel modo.

En diversas ocasiones que llegaron allí navíos de Nueva España fueron, poco a poco, enviándolos a Cádiz (en ellos); mas, habiéndose vuelto a juntar todos en Francia, resolvieron de retornarse a Tortuga con la primera ocasión; asistiéronse los unos a los otros, tanto que pudieron en todas sus necesidades; y así, en poco tiempo, la mayor parte de ellos se hallaron en Tortuga, en cuyo puerto armaron de nuevo una flota de piratas debajo de la dirección de un tal Sieur Mainteneon, de nacionalidad francesa, que vino después con ella a la isla de la Trinidad, que está situada entre la de Tobago y las costas de Paria, a la cual rescataron en 10.000 reales de a ocho y se fueron con ánimo de saquear la ciudad de Caracas, que está enfrente de la isla de Curaçao.

Fin de la historia de Piratas

Apéndice

No me ha parecido a propósito hacer descripción particular de todas las islas de la América, las cuales pertenecen a diversos reyes y potentados cristianos, ni relación de sus gobiernos, rentas, ni otras cosas de ellos, pues multitud de escritores se han empleado en componer gruesos volúmenes de estas y semejantes noticias; contentaréme de añadir a la historia precedente lo que poco tiempo ha sucedió era las islas de Cayena y Tobago, entre Monsieur el conde de Estrés, almirante de la corona de Francia en las partes de la América, y Heer Jacob Binkes, por los poderosos estados de Holanda con la misma cualidad

A todo el mundo le consta que el príncipe de Courlant comenzó a establecer una colonia en la isla de Tobago y que, en poco tiempo (por falta de socorros), sus gentes la abandonaron dejándola al primer ocupante, que fueron los señores Adrián y Cornelio Lampsins, naturales de la ciudad de Flesinga, en la provincia de Zelanda; los cuales habiendo llegado allá el año de 1654 procuraron fortificarla por mandado de sus soberanos estados; con que dispusieron la fábrica de un castillo capaz de impedir los asaltos de cualesquiera enemigos.

Lo mismo sucedió el año de 1676, cuando los altos y poderosos estados de Holanda enviaron al comandante Jacob Binkes a la isla de Cayena, que por entonces estaba en posesión de franceses, para que la restituyesen al imperio de dichos señores estados. Salió con estas órdenes el día 16 de marzo del dicho año, consistiendo su flota en siete navíos de guerra, un brulote y otros cinco de menores fuerzas; llegaron a la dicha isla el cuarto día de mayo siguiente, donde Binkes echó novecientos hombres en tierra, que se acercaron a la fortaleza, anunciando al gobernador de ella se rindiese; respondió no le pasaba por la imaginación tal cosa, antes determinaba pelear hasta que muriese y, con él, toda su gente. Binkes, cuando hubo entendido la respuesta, mandó a sus tropas dar un ataque por dos lados al castillo; dióse un considerable combate; pero, los franceses, estando pocos y atosigados de tanto número, rindieron las armas y el castillo. Halláronse dentro treinta y siete piezas de artillería y el gobernador, llamado Lesi, con dos sacerdotes fueron enviados a Holanda. Binkes en la batalla tuvo catorce de los suyos muertos y setenta y dos heridos.

El rey de Francia, luego que entendió este suceso, envió por el mes de octubre siguiente a Monsieur de Estrés, para volver a la mar de dicha isla. Llegó por el mes de diciembre con su escuadra de navíos de guerra, bien armados y proveídos; pero, como viniese hasta la ribera llamada Aperovaco, encontraron un navichuelo de Nantes, que no hacía quince días era partido de la dicha isla, el cual dio noticia del estado y circunstancias con que en ella se hallaban los holandeses. Dijo había en el castillo trescientos hombres; que todo alrededor de él hincaron buenas palizadas y dentro estaban asentadas veintiséis piezas de artillería.

Monsieur de Estrés, pudiendo tomar resoluciones y medidas sobre tales advertencias, prosiguió el viaje, y llegó a un puerto de la dicha isla, lejos del castillo cosa de 3 leguas; allí echó en tierra ochocientos hombres que separó y, la una parte puso debajo de la dirección del conde de Blinac y, la otra, de Monsieur de St. Faucher; dejando a Monsieur Gabaret con las otras tropas principales en los navíos, los cuales levantaron áncora y, poco a poco, se acercaron al castillo, mientras los que iban por tierra hacían lo mismo; siéndoles forzoso caminar de noche a causa del gran calor, porque es insufrible la exhalación que la tierra despide, que es notablemente sulfúrea, y por consiguiente un horno hediondo.

El día 19 del dicho mes Monsieur de Estrés envió a Monsieur de Lesí (que había sido allí gobernador, como dicho es) pidiendo se rindiese el castillo a la obediencia del rey su señor y a él en su nombre los que dentro estaban; no queriendo entender tal proposición, resolvieron de no entregarse, sino a costa de su sangre y vidas; y así, la noche siguiente, dieron los franceses ataque por siete lados, todos a un mismo tiempo. Los defensores, viendo que habían hecho su obligación y peleado con valor, cuanto les fue posible, se rindieron. Halláronse dentro treinta y ocho hombres muertos y algunos heridos, y enviaron todos los prisioneros a Francia, donde fueron tratados con hartos trabajos.

Puso todas las cosas en orden Monsieur de Estrés en la isla de Cayena y se fue a la de Martinica donde, luego que hubo llegado, le dijeron como el comandante Binkes se hallaba en la isla de Tobago y su flota ancorada en la bahía. Salió Estrés de refresco y, comenzándose a acercar a Tobago, Binkes envió sus compañías con un número de marineros a tierra, para guarda y gobierno de la artillería que en ella estaba; trabajaron éstos y sus capitanes, Vander Graef, Van Dongen y Ciavone, toda la noche para llenar las palizadas de la fortaleza llamada Sterreschans y formar baterías dentro de ella.

Dos días después la flota francesa ancoró en la bahía de Palmit y, por medio de dieciocho chalupas, echaron su gente en tierra. Binkes, viendo a los franceses sobre las montañas, hizo quemar todas las casas que se hallaban a los contornos del fuerte, para no dejar plaza alguna a los franceses, en la cual se pudiesen encubrir. Monsieur de Estrés mandó a un tambor, el día 23 del dicho mes, fuese de su parte a pedir la fortaleza; negáronlo totalmente y duró hasta el día tercero de marzo, el que los franceses viniesen a velas llenas contra Binkes, que salió al encuentro, y se dio combate de artillería maravilloso de una y otra parte. Los franceses entretanto, favorecidos en lo espeso del bosque, se avanzaron cerca de la fortaleza y dieron un brioso asalto con fuerza más que ordinaria; pero fueron de tal manera rechazados, que después de tres distintos asaltos se vieron obligados a retirarse con pérdida de más de ciento cincuenta muertos y doscientos heridos, que llevaron o, por mejor decir, arrastraron con grande pena los que huyeron.

Al mismo tiempo, las dos flotas tornaron al combate y pelearon tercamente hasta tanto que de ambas partes perecieron algunos navíos, entre Vulcano y Neptuno, de cuyo número fue el mismo en que Estrés se hallaba armado con veintisiete piezas de artillería prodigiosas. Duró la batalla un entero día, hasta que un poco antes de ponerse el Sol, Monsieur de Estrés salió de la bahía con el resto de sus navíos, excepto dos que se perdieron a la vela, por haber montado muy arriba en el puerto; los holandeses, en fin, quedaron victoriosos, aunque con pérdida de muchos navíos quemados.

Hallándose en tal desgracia Monsieur de Estrés y que, por entonces, no podía aguardar ventaja alguna sobre Tobago, dio a la vela el 18 de marzo y llegó en 21 de junio al puerto de Brest en Francia. Quiso su majestad cristianísima que volviese dicho Monsieur de Estrés a emprender la acción contra Tobago, y ordenó se armasen a ese fin ocho grandes navíos de guerra y otros ocho menores, con todos los cuales tornó a enviar al mismo Monsieur de Estrés. Salió del dicho puerto de Brest en 3 de octubre siguiente y llegó el primero de diciembre a la isla de Barbados; como tuviese algún socorro más de Martinica, hizo reconocer de nuevo a Tobago y levantó áncoras poniéndose a la vela para allá, donde llegó el 7 del mismo mes de diciembre con toda su flota.

Al punto metió quinientos hombres en tierra debajo del mando de Monsieur de Blinac, gobernador de las islas francesas de la América, a quien poco después siguieron otros mil hombres. El 9 día del mismo mes se acercaron a 600 pasos de un puesto que llaman le Cort, donde echaron toda la artillería para esto destinada en tierra. El 10 Monsieur de Estrés fue en persona a reconocer la fortaleza y, después de haberla hecho pedir a Binkes, éste lo rehusó generosamente. El siguiente día los franceses comenzaron a marchar hacia la dicha fortaleza y el 12 del mismo mes, los que estaban dentro comenzaron a disparar su artillería con grande continuación, pero los franceses dieron principio a sus empresas echando muchas bombas; la tercera cayó en el camino cerca del almacén de pólvora, en el cual se hallaba mucha derramada por negligencia de los que la sacaban para las provisiones necesarias, por cuyo medio se encendió fuego y corrió hasta dicho almacén; de modo que, en un momento, saltó en el aire con Binkes y todos sus oficiales, de los cuales solo quedó con vida el capitán Van Dongen; lo cual visto por los franceses corrieron con quinientos hombres, no teniendo, por entonces, nada que temer. Hiciéronse señores de la fortaleza, donde hallaron trescientos hombres con vida que tomaron prisioneros y enviaron a su país. Monsieur de Estrés mandó arrasar toda la fortaleza y otros puestos que pudiesen servir de defensa como también todas las casas de la isla, y partió de ella el 27 del dicho mes; cuyo suceso y relación dará fin a mi presente historia, que pido a los curiosos la lean con benévolo afecto, y al que se la presenta conozcan por desinteresado, pues no le movió otra cosa a tomar la pluma, que solo servir a los que en ella hallaren alguna luz por donde remediar lo futuro, que como lo presente y lo pasado está en manos de Dios, a quien demos honor, gloria y alabanza por los siglos de los siglos. Amén.

Libros a la carta

A la carta es un servicio especializado para

empresas,

librerías,

bibliotecas,

editoriales

y centros de enseñanza;

y permite confeccionar libros que, por su formato y concepción, sirven a los propósitos más específicos de estas instituciones.

Las empresas nos encargan ediciones personalizadas para marketing editorial o para regalos institucionales. Y los interesados solicitan, a título personal, ediciones antiguas, o no disponibles en el mercado; y las acompañan con notas y comentarios críticos.

Las ediciones tienen como apoyo un libro de estilo con todo tipo de referencias sobre los criterios de tratamiento tipográfico aplicados a nuestros libros que puede ser consultado en Linkgua-ediciones.com.

Linkgua edita por encargo diferentes versiones de una misma obra con distintos tratamientos ortotipográficos (actualizaciones de carácter divulgativo de un clásico, o versiones estrictamente fieles a la edición original de referencia).

Este servicio de ediciones a la carta le permitirá, si usted se dedica a la enseñanza, tener una forma de hacer pública su interpretación de un texto y, sobre una versión digitalizada «base», usted podrá introducir interpretaciones del texto fuente. Es un tópico que los profesores denuncien en clase los desmanes de una edición, o vayan comentando errores de interpretación de un texto y esta es una solución útil a esa necesidad del mundo académico.

Asimismo publicamos de manera sistemática, en un mismo catálogo, tesis doctorales y actas de congresos académicos, que son distribuidas a través de nuestra Web.

El servicio de «Libros a la carta» funciona de dos formas.

1. Tenemos un fondo de libros digitalizados que usted puede personalizar en tiradas de al menos cinco ejemplares. Estas personalizaciones pueden ser de todo tipo: añadir notas de clase para uso de un grupo de estudiantes,

introducir logos corporativos para uso con fines de marketing empresarial, etc. etc.

2. Buscamos libros descatalogados de otras editoriales y los reeditamos en tiradas cortas a petición de un cliente.